HR 精英
三合一进阶手册

心理常识 + 财务常识 + 数据分析

刘 畅———编著

中国铁道出版社有限公司
CHINA RAILWAY PUBLISHING HOUSE CO., LTD.

2024年·北京

图书在版编目（CIP）数据

HR精英三合一进阶手册：心理常识+财务常识+数据分析 /
刘畅编著. — 北京：中国铁道出版社有限公司，2024.4
ISBN 978-7-113-30936-7

Ⅰ.①H… Ⅱ.①刘… Ⅲ.①企业管理-人力资源管理-手册
Ⅳ.①F272.92-62

中国国家版本馆CIP数据核字（2024）第019144号

书　　名：HR 精英三合一进阶手册（心理常识＋财务常识＋数据分析）
　　　　　HR JINGYING SAN HE YI JINJIE SHOUCE（XINLI CHANGSHI+CAIWU
　　　　　CHANGSHI+SHUJU FENXI）
作　　者：刘　畅

责任编辑：王　佩　　　编辑部电话：（010）51873022　　　电子邮箱：505733396@qq.com
封面设计：宿　萌
责任校对：苗　丹
责任印制：赵星辰

出版发行：中国铁道出版社有限公司（100054, 北京市西城区右安门西街 8 号）
印　　刷：天津嘉恒印务有限公司
版　　次：2024 年 4 月第 1 版　2024 年 4 月第 1 次印刷
开　　本：710 mm×1 000 mm　1/16　印张：13　字数：178 千
书　　号：ISBN 978-7-113-30936-7
定　　价：69.80 元

前言

HR 通常是指企业中从事人力资源管理的相关工作人员。HR 的工作涉及方方面面，主要包括人力资源规划、招聘与人力资源配置、培训与开发、绩效管理……这就要求 HR 应当具备较强的事务处理能力，才能帮助企业做好人力资源管理。

但是在实际工作中，很多 HR 工作效率较低，往往难以顺利完成每日工作，不得不加班加点。还有一些 HR 只能处理自己的本职工作，面对财务等专业工作的对接时显得力不从心，难以胜任。这些问题如果得不到解决，对自身和企业的发展都是不利的。

那么对于 HR 而言，应当如何提升自己，让自己从疲于奔波的 HR 变为高效办公、轻松处理相关事务的 HR 精英呢？这就要求 HR 不断学习，掌握日常事务的高效处理方法，了解日常工作中一些必备的财务常识，以及必要的数据分析和处理能力。为了帮助 HR 在这些方面进行提升，我们编写了这本书，希望能帮助 HR 完善自身能力，不断蜕变，成为企业受欢迎的精英。

本书共 9 章，可分为三部分：

◎ 第一部分：第 1 ~ 2 章

这一部分主要介绍 HR 工作中必备的一些心理常识，帮助 HR 从心理角度出发，在人员招聘与选拔、入职心理引导和沟通谈判等工作过程中快速了解对方心理，占据主动，从而有针对性地完成人事工作，提升效率。

◎ 第二部分：第 3 ~ 5 章

这一部分主要介绍 HR 在日常工作中应当具备的财务基本常识，主要包括薪酬知识、人力资源成本控制及人力资源财务风险防控，目的是让 HR 在与财务人员对接工作时不再一筹莫展。

◎ 第三部分：第 6 ~ 9 章

这一部分主要介绍 HR 在日常工作中需要掌握的 Excel 数据处理方法。这部分内容丰富，涉及 HR 日常工作的细节，可有效帮助 HR 提升工作效率。

全书结构明了、语言简洁，紧紧围绕 HR 需要掌握的心理常识、财务常识和数据分析技巧三个方面，让读者能够全方位提升自己的能力。此外行文过程中辅以图表，数据分析部分更是通过详细的图解，帮助读者理解操作方法。

本书适合于各类企业管理人员、HR 以及对人力资源工作感兴趣的读者。

希望所有读者能从本书中获得需要的知识，得到能力的提升，成为优秀的 HR。由于编者能力有限，书中不够完善的地方在所难免，希望获得读者的指正。

编　者

目录

第1章　招聘与选拔过程的心理引导

第 6 章　整理数据源为数据分析做准备

第 7 章　HR 必会的数据分析操作

第8章 专业的数据分析应用专业的图表展示

第 9 章 "大数据"的数据分析怎么做

第 1 章

招聘与选拔过程的心理引导

员工招聘与选拔是人力资源工作中的重要组成部分，重视员工招聘与选拔过程中的心理引导，能够让招聘与选拔工作顺利开展，从而避免出现问题，影响企业的新鲜"血液"输入。

思考公司是否真的能招聘到人才

及时回顾面试信息做到心里有数

利用胜任特征进行筛选

通过兴趣测试筛选职业类型

1.1　招聘过程中的心理分析

招聘工作是企业人力资源管理工作中非常重要的一环，HR 作为招聘环节中的核心人物，肩负的责任较大。同时，招聘心理对招聘工作成功与否、能否招聘到合适的人才影响较大。作为企业的 HR，需要对招聘工作负责，因此有必要掌握招聘过程中的心理分析技巧。

1.1.1　思考公司是否真的能招聘到人才

随着社会不断发展，企业对招聘的需求也在不断改变，招聘方式层出不穷，越来越便捷、高效。例如校园招聘、猎头招聘、招聘网站招聘以及人才市场招聘等。

面对如此多的渠道，并不是一定能够招聘到合适的人才，不同的招聘方式对应的应聘者的心理倾向各不相同，HR 应当根据实际情况选择合适的方式，见表 1-1。

表 1-1　不同渠道应聘者分析

招聘渠道	具体分析
校园招聘	通过该渠道接触的应聘者通常是职场新人，较容易招到专业性人才。这种方法适合需要批量招聘，或希望宣传企业形象，愿意付出高额培养成本的企业
人才市场招聘	该方式下企业在人才市场有固定招聘位置，企业资质已经提前经过审核，应聘者能在第一时间接触招聘者，风险较低但相对来说比较麻烦。追求安全、稳妥，愿意出门奔波的求职者可能选择此渠道
传统媒体招聘	通过报纸、杂志或电视等招聘，即投放广告，这种方式时效性短、花费高，但能将企业形象直观地传达给某一固定区域的相关行业应聘者，给人一种底蕴深厚的感觉，比较容易吸引密切关注传统媒体、对公司规模有一定要求的应聘者
网络招聘	这种方式是当下最常见、流行的招聘方式，通过网络招聘可以避免四处奔波，高效、低价且不受地域限制。这种方式也存在缺点，由于网络中信息量巨大，人才的筛选存在一定难度，需要招聘信息能够吸引应聘者才能完成招聘

> **知识延伸｜猎头公司招聘**
>
> 　　除了表1-1介绍的四种招聘渠道外，前面提到的猎头招聘也是一种较为流行的招聘方式。猎头招聘的特点是保密性强、针对性强且高效便捷，但是猎头招聘通常花费成本较高。同样的，应聘人员对薪资待遇等要求也高。一般这种方式只用来招聘企业重要管理人才或技术专业人才，并不常用。

　　确定了适合企业的招聘方式以后，还需要仔细思考如何将招聘信息传达给对应的应聘者，招聘信息的质量极大程度上影响着招聘结果。因为如今的工作，企业无法完全占据主导，选择都是双向的，企业挑选应聘者，应聘者也会挑选企业。

　　下面通过具体的案例来看招聘信息在招聘过程中的重要作用。

｜实例分析｜ 有吸引力的招聘信息有助于招聘工作的成功

　　张某是计算机专业的往届毕业生，不久前刚从一家软件公司离职，具有3年的软件项目工程经验，并且个人代码编写能力较强，做事沉稳、细心。离职后希望重新就业，往软件项目工程师发展。

　　张某在招聘网站中注册了账号，并详细填写了自身的工作经历、学历、特长以及目标职位等求职信息，该网站自动为其推荐了多个相关企业的岗位供其选择。

　　看到网站的推荐之后，张某并没有批量发送求职邮件，而是根据这些招聘公司的职位设置、办公地点与起薪标准等关键信息，挑了其中几家公司进入详细介绍页面进行了解，最后通过筛选后，选了其中一家招聘信息特别有吸引力的公司进行针对性求职，并成功入职，其余公司自然是错过了这个优秀潜力人才。

　　通过上述案例可以看到，招聘信息是否合理对招聘工作会产生较大影响，因此 HR 要引起重视。

　　那么，怎样才能打动应聘者，让优秀人才发自内心地将公司作为第一选择呢？有以下三点需要注意。

（1）准确传达招聘信息

招聘信息准确、规范，不仅能够方便应聘者阅读了解，还能够提升公司形象。通常求职者对那些招聘信息表述不清楚、模糊以及信息表述混乱的求职信息不会产生好感和兴趣。

因此，将具体岗位是什么、工作内容详情、任职资格、月收入能达到多少、公司具体地址和规模等信息写明了才能让求职者安心地选择自己心仪的企业，这样才能避免 HR 白费劲，也不会让求职者白跑路。

例如起薪不写，只说月薪面议，这样只会让求职者觉得不靠谱；或者招聘条件模糊，明明招聘的是软件工程师，面试时却问会不会平面设计，因此认为应聘者达不到要求。

> **知识延伸**｜招聘信息中薪酬的确定方法
>
> 薪酬通常是求职者重点关注的，要想招聘信息具备吸引力，就需要合理确定薪酬。最好不要给一个中规中矩的薪酬数据，而是应当通过一个薪酬范围，给员工一个美好的期望，这样更能够吸引员工，但也不能够超出公司承受能力。

（2）吸引应聘者的注意

"注意"在心理学中是指心理活动或意识活动对一定对象的指向和集中。其中包括指向性和集中性，具体介绍如下：

指向性。人在一瞬间选择了某个对象，同时将忽略其他对象。指向性决定了人对外界接收的信息范围。

集中性。集中性决定了意识在某方向上活动的强度或紧张度，心理活动强度越大，紧张度越高，注意力也就越集中。

公司发布的招聘信息想要引起应聘者的注意，就要在这两点上进行发挥，吸引求职者。

例如，在标题或者广告中通过嵌入关键字的方式明确展示求职者最为关注的信息，迅速引起对方的注意。

需要注意的是，内容中应当有亮点，无论是企业前景或是职业前景等，要展现出足够的吸引力，求职者才愿意更加深入地了解企业，保持对企业的密切关注。

（3）调动应聘者的兴趣

当求职者对招聘信息有了一定的关注后，就可能会开始深入了解企业的相关信息。这时就需要调动对方的兴趣，让其仔细看招聘信息和企业相关介绍内容，从而做出选择。

那么，在设计招聘信息的具体内容时，要想吸引求职者，激发阅读兴趣，可以用新颖的词汇、特别的文案吸引求职者。HR 需要注意的是，招聘广告也是一种营销手段，写法核心其实与传统广告文案并无不同，信息、趣味和创意，缺一不可。

1.1.2 面试印象在面试过程中的作用

面试印象在面试过程中的作用十分突出，可能影响面试官对应聘者的看法，面试中的印象偏差可能会影响面试结果，导致面试官对应聘者做出错误的评价。

（1）首因效应

首因效应也叫首次效应、优先效应或第一印象效应，指交往双方形成的第一次印象对今后交往关系的影响。

下面通过一个具体的案例来看首因效应对面试的影响。

| 实例分析 | 首因效应导致面试失败

这天，刘某赶到一个公司参加最后一轮面试，临到面试时间快要结束时，刘某才满头大汗地赶到了考场。面试官看了一眼刘某，只见他大滴的汗珠子从额头上冒出来，满脸通红，上身一件红格子衬衣，加上满头乱糟糟的头发，给人一种邋遢的感觉。

面试官疑惑地问道："你是研究生毕业？"似乎对他的学历表示怀疑。刘某很尴尬地点点头。接着，心存疑虑的面试官向他提出了几个专业性很强的问题，刘某渐渐静下心来，回答得头头是道。但刘某没有给面试官留下一个好印象，面试官经过再三考虑，最终刘某没有被录用。

从上述案例可以看到，由于应聘者一开始没有给面试官留下一个好印象，因此即使他面试时表现得再好，最终也没有被录取。可见首因效应对面试结果影响较大。

（2）晕轮效应

晕轮效应是由美国心理学家桑戴克提出的一个概念，是指对人的认知和判断过程中，对方的某个特别突出的特点、品质会掩盖人们对对方的其他品质和特点的正确了解。这种错觉现象，心理学中称之为"晕轮效应"。

晕轮效应是一种以偏概全的认知，若面试官受这种效应影响就容易从一些片面的点出发，概括出整体印象，比如抓住求职者与工作能力并无关联的外貌或性格等特征，做出对工作能力方面的错误联想和推断。

①一个穿得体面精致的人工作能力强，工作干练？

②等待面试时安静沉默的人，工作时也会专注而沉稳可靠？

③因突发情况导致面试迟到的人，日后工作中可能经常迟到？

④面试时讲话有条理，日后工作也会有条理？

以上情况都并非绝对，也不能作为是否录用员工的决定条件。如果只凭表面看到的情况而对求职者做出最终判断，那显然会因偏见而犯错。

本节介绍的是面试中常出现的面试印象对面试情况的影响，此外还有近因效应、刻板效应等，同样会影响面试结果。面试官应尽可能客观而全面地考察求职者整个面试过程的总体表现，只有每个环节都进行详细记录并即时评分，这样才能得到比较客观和全面的评价，更准确地找到目标人选。

常见的方法是多方面地考察应聘者，通过具体的考察项目尽可能地全面考察求职者各种能力，例如工作经验、求职动机、素质与个性等，这样才能避免受单一因素的干扰，见表 1-2。

表 1-2　面试过程中的考察项目

注意方向	具体内容	询问方向
能力、经验	毕业院校、毕业成绩，过去承担过的工作，工作的复杂程度，是否有从事某项工作的经验	工作能力测试：设计具体情景问题。例如，如何组织一场服装发布会、怎样编写一段手机游戏代码等
动机因素	了解求职者的工作好恶、个人志向以及兴趣爱好等，上一份工作的离职原因	喜欢上一份工作的哪些方面，无法接受什么方面，为何离职，职业规划与兴趣点、喜欢从事哪方面的工作
精力水平	身体和心理素质如何，能否有充足的精力与工作激情，是否可以应对紧张而繁杂的工作，心理承受能力如何	面对职场和工作中的压力，通常如何应对；能否合理解决工作生活中的问题；是否能够精神饱满地投入工作
个性因素	主要考察求职者的性格特点，是否与招聘岗位所需的工作特点相适应，是否能够合理协调同事间关系	是否具有攻击性，是否性格阴郁，与人协作能力如何等。可以询问过去工作中有没有协作项目，在当时是怎样协调客户、组员之间各种关系的

1.1.3　及时回顾面试信息做到心里有数

从信息加工的角度来看，记忆过程就是对输入信息的编码、储存和提取的过程。当面试官面对大量信息时，很容易出现记忆偏差。

记忆的系列效应（serial effect of memory），反映学习材料的顺序对记忆效果的影响。最早对这个问题做系统研究的是 H. 艾宾浩斯。系列位置效应指对于系列性材料开始部分的项目最容易记忆，其次是终末部分，中间偏后一点的项目最难记忆，如图 1-1 所示。

这个效应同样可以用于面试工作中，在面试中，排在最前面和最后面的求职者，更容易给面试官留下深刻的印象。

在多种刺激一次出现的时候，面试官有可能着重记住了最先或最后出现的刺激，在这种情况下留下的面试印象则有利于最先和最后的面试者，则一部分求职者无形中就拥有了较高的被录取率，而另一部分中规中矩的求职者则有可能完全被忽略遗忘。

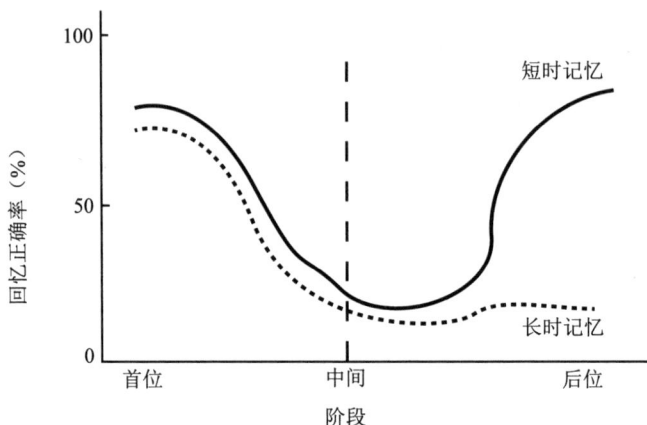

图 1-1　记忆的位置效应示意图

　　为避免面试后只记住部分求职者的详情，而忘掉一些人的表现这种事情的发生，面试官就需要及时进行信息回顾。

　　信息回顾如果仅依靠记忆，难免显得乏力，也会增加面试官的工作难度。要解决这个问题，面试官可以通过记录的方式，面试过程中在事先准备好的面试评价表中进行记录，实时打分，避免记忆偏差。

> **知识延伸｜面试试题编写要点**
>
> 　　面试评价中可以编写的题目有很多，下面列举几条可通用的面试试题内容概括以做参考，见表1-3。

表 1-3　面试题目编写要点

题目方向	编题要点	评分要点
知识背景	应聘者是否具备应聘岗位所需要的最低学历、工作经历等，是否具备完成应聘岗位工作的相应能力和技能水平	了解应聘者专业知识掌握情况，判断现有能力是否能胜任应聘职位，是否具备完成工作所必要的技能。如之前工作最常用的是什么工具？对自己的职业前景怎样规划的

续表

题目方向	编题要点	评分要点
情景行为	假设工作中某些场景，询问面试者曾经怎样应对，或认为应当怎样处理	通过应聘者描述的过去行为，判断他是否说谎，推断他的工作能力以及将来工作中的应变能力。例如遇到客户反复挑错，要求数十遍修改稿件时，你会怎样应对
思维能力	让求职者点评社会时事热点问题，测试其分析、判断能力与价值观	事件分析是否逻辑清晰、条理清楚，能否积极客观地看待一件事。例如你如何看待当今世界贸易格局

1.1.4　利用胜任特征进行筛选

冰山模型是美国心理学家麦克利兰于 1973 年提出的一个著名的模型，就是将人员个体素质的不同表现划分为表面的"冰山以上部分"和深藏的"冰山以下部分"。

"冰山以上部分"：包括基本知识和基本技能，是外在表现，是容易了解与测量的部分，相对而言也比较容易通过培训来改变和发展。

"冰山以下部分"：包括社会角色、自我概念、个人品质和动机，是人内在的、难以测量的部分。它们不太容易通过外界的影响而得到改变，但对人员的行为与表现起着关键性的作用。

企业在进行人员招聘的过程中，大多是考察应聘者"冰山以上部分"，也就是员工具备的知识和技能；而对"冰山以下部分"的软性素质考察较少，但这部分却是对员工影响较大的。

需要注意，员工具备的所有素质决定了其在实际工作中的表现。图 1-2 为冰山模型示意图。

通过上图可以得出，冰山模型应当由六部分组成，分别是知识、技能、社会角色、自我概念、个人品质以及动机构成。具体介绍见表 1-4。

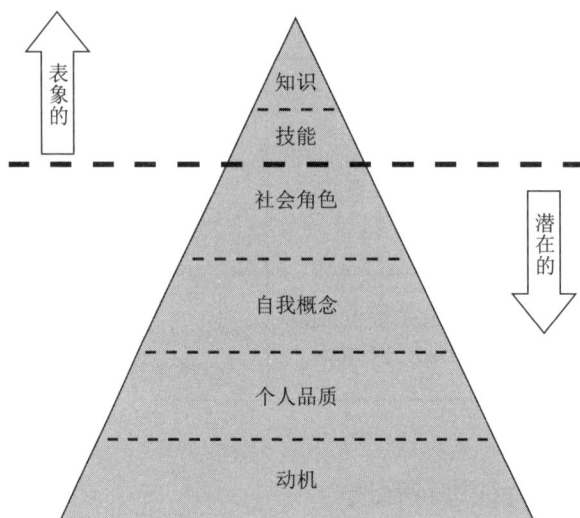

图 1-2　冰山模型示意图

表 1-4　冰山模型六个组成部分

注意方向	项目特点
知识	指个人在某一特定领域拥有的事实型与经验型信息
技能	指结构化地运用知识完成某项具体工作的能力，即对某一特定领域所需技术与知识的掌握情况
社会角色	指一个人基于态度和价值观的行为方式与风格
自我概念	指一个人的态度、价值观和自我印象
个人品质	指个性、身体特征对环境和各种信息所表现出来的持续反应。品质与动机可以预测个人在长期无人监督下的工作状态
动机	指在一个特定领域的自然而持续的想法和偏好（如成就感、亲和、影响力），它们将驱动、引导和决定一个人的外在行动

在实际操作中可以用更细化的特征要点，作为制作胜任力模型的参考标准，下面以常规行业举例，见表 1-5。

表 1-5 胜任力模型的参考标准

胜任素质	内容定义	评判维度
技术能力	开发（设计、创作）产品和解决技术问题需掌握的知识水平	了解技术实施细节，能对技术方案提出合理的建议。熟悉公司的所有技术产品，能独立解决问题。熟练掌握多种产品开发方式，能独立进行产品研发（项目策划）等
工作能力与态度	能向工作目标努力，克服障碍，最终达成工作结果	能参与工作并发挥自己的能力。能理解执行工作中的关键环节，能处理紧急事务。能预估风险，打破常规，推行计划的实施
团队合作	富有团队合作精神，能多人协作、共同完成工作任务	愿意努力构建良好合作氛围，能主动分享相关技术和知识。团队配合度高，能主动促进团队共同发展。善于引导旁人参与团队协作，能合理安排团队成员的工作
学习能力	保持学习的心态，善于学习新鲜事物，提升自身能力	能完成岗位学习需求，对工作中遇到的问题能够自主学习解决。能够持续学习，不断总结。可为团队制订成长计划并辅助执行，不断学习业界新知识并总结归纳，以便指导团队成员
客户导向	以满足顾客需求、增加顾客价值为出发点，可根据顾客的消费能力、消费偏好等调查分析，重视新产品开发	关注客户感受，擅长发现和预见客户的需求。完善客户服务水平，致力于满足并不断超越内部和外部客户的期望，并与客户建立良好关系。可持续获取客户的信任与支持，能主动深度挖掘客户需求，实现共赢
影响、培育力	通过说服、沟通等方式影响他人行为，最终使工作按自己的想法步入正轨	能说服或影响客户与公司同事，以便顺利完成工作。是项目组或产品线的重要成员，注重团队成员的部署和培养。有培养他人的意愿与能力，能挖掘下属的潜能，和企业共同进步

1.1.5 面试官应当如何提问

面试过程应当由面试官主导，不断推进，深入了解。然而许多 HR 或是面试官在面对一些职场经历丰富的应聘者时，常会感到面试工作难以开展，不知从何入手。下面来看一个具体案例。

| 实例分析 | 难以掌控面试节奏，面试工作无法顺利开展

张佳是某广告设计公司的人事专员。一日设计总监临时有事外出，于是让张佳帮忙面试一位求职者，而这也是张佳第一次独自主持面试工作。应聘者是一位拥有丰富工作经验和职场经历的工作者，张佳当时就感觉十分焦虑，面试过程中更是情况不断，难以掌控——不知道该怎么提问，不知道该问些什么。

没有办法，为了完成面试工作，张佳只得硬着头皮问了一些乱七八糟的问题，由于这些问题专业性不足，应聘者也十分诧异，面试过程时常冷场，十分尴尬，最终面试工作只得草草了事，给应聘者留下了不好的印象。

要想顺利进行面试，了解应聘者的真实情况和内心想法，面试官不能要求别人主动实话实说，只能够通过提问的方式逐渐了解需要的信息。提问时，我们需要注意以下事项：

①不要提出需要直接用"是"或"不是"回答的封闭式问题。例如，你喜欢这个工作吗？这种方式通常无法获得更多的信息，要多让应聘者表达。

②态度诚恳，不要傲慢审视地提问，别和求职者争执，也别直接将自己的喜好传递给对方，避免求职者揣摩答案。

③注意倾听，不要过多闲聊，注意把握谈话节奏。我们可以先告知求职者，由于时间关系，在面试过程中可能会打断谈话，希望得到谅解，这样可以更好地控制时间。

④当求职者回避某个问题或者避重就轻回答时，要善于追问，或是换种方式提问。例如，你的职业目标是什么？有自己的职业规划吗？到我们公司如何能帮助你实现上述目标？

那 HR 究竟应该怎样系统地提问呢？最关键的就是要将面试问题进行分类，在面试时做到心中有数，各类别问题介绍见表 1-6。

表1-6　常见问题类别

类　　别	具体内容
理论性问题	主要询问求职者的理论常识和处理观点。例如：这段代码出现问题的原因是什么？在设计改善新产品推广策划时，需要考虑哪些因素？解决这个机器故障有哪些方法
背景性问题	了解求职者的学习背景、职业资格。例如：你过去接受过怎样的培训？哪些有助于你在我们公司团队中开展工作？在大学里你最喜欢的课程有哪些
行为性问题	询问具体事例，了解求职者曾经经历过的工作场景，考察对方的工作经验与处事方法。例如：在之前的销售工作中，曾遇到什么困难，怎么克服的？你最近在硬件设计工作中遇到过什么问题？你解决了吗？怎样解决的
情景性问题	假设具体的复杂案例，考察应聘者临场应变能力。例如：假设一位顾客对公司提供的设计有较多不满，情绪激动，你会如何处理？办公室网络突然出现故障，同时总经理电脑死机，作为IT（信息技术）专员，你应当优先处理哪一件事情
质问性问题	故意制造紧张氛围，或提问一些难以回答的问题，以便在压力环境下更深入地了解求职者，打探对方的内心、考察其抗压能力。例如：你上一份工作的优缺点是什么？你的前任主管是怎样评价你的？他认为你的不足点有哪些？你所学专业与这份工作不相关，你觉得你可以胜任这份工作吗

此外，提问方式也可以有所区别，通常可以采取"一问一答"和"多问多答"形式。

①"一问一答"是较为常见的提问方式，应聘者能够有时间进行思考，面试官能够从中获得较多信息。

②"多问多答"即一次性抛出多个问题，让应聘者依次进行回答。这种提问方式可以从求职者回答的条理性分析出对方的记忆力、反应力以及逻辑思维能力。

1.2　入职心理引导与人才选拔

员工招聘工作完成后，就会进入到一个新的阶段——新员工入职。如何让员工快速融入工作环境？如何让员工顺利度过试用期？如何进行人才选拔？这些都是 HR 在后续工作中需要重点关注的。

1.2.1　通过兴趣测试筛选职业类型

美国帕森斯教授认为，每个人都有自己独特的能力模式和个人特质，而某种能力模式和个人特质又与某些特定职业相关。通过职业指导可使个人兴趣、能力与职业相匹配。

有的人初入职场就有明确的发展方向，不断努力，最终获得较好的发展；而有的人跌跌撞撞许多年才明确自己的发展方向。

在职业阶段初期感到迷茫的人，要想在恰当的时候做出正确的职业生涯规划，首先需要了解自己的兴趣特点，匹配不同的职业类型。

兴趣测试是将求职者的兴趣同各种职业成功员工的兴趣做比较，来判断求职者是否适合当前岗位，该结果可作为职业规划的参考。

常见的职业兴趣测试方法有 MBTI 职业性格测试、库德职业兴趣量表（KOIS，即 kuder occupational interest survey）、霍兰德职业性向测试（selfdirected search）以及斯特朗 - 坎贝尔职业兴趣量表（SCII，即 strong-campbell interest inventory）等。这里以霍兰德职业性向测试为例进行介绍。

美国心理学家霍兰德提出了一种职业性向理论——人格类型论，他认为人的职业兴趣与人格之间存在很高的相关性，只有当人格类型与职业选择相匹配，人们才能在工作中发挥出较高的潜力。

该理论人格与职业类型分为现实型、研究型、艺术型、社会型、企业型和常规型六种，以六边模型对其进行诠释，模型的顶点代表了六种不同的人格类型，如图 1-3 所示。

霍兰德职业性向测试的答案没有对错之分，结合自己的情况，根据第一印象回答"是"或"否"即可，而后根据不同题目的得分计算出自己的职业倾向，题目如下：

①我喜欢把一件事情做完后再做另一件事。

②在工作中我喜欢独自筹划，不愿受别人干涉。

③我喜欢做戏剧、音乐、歌舞和新闻采访等方面的工作。

④每次写信我都一挥而就，不再重复。

⑤我经常不停地思考某一问题，直到想出正确的答案。

…………

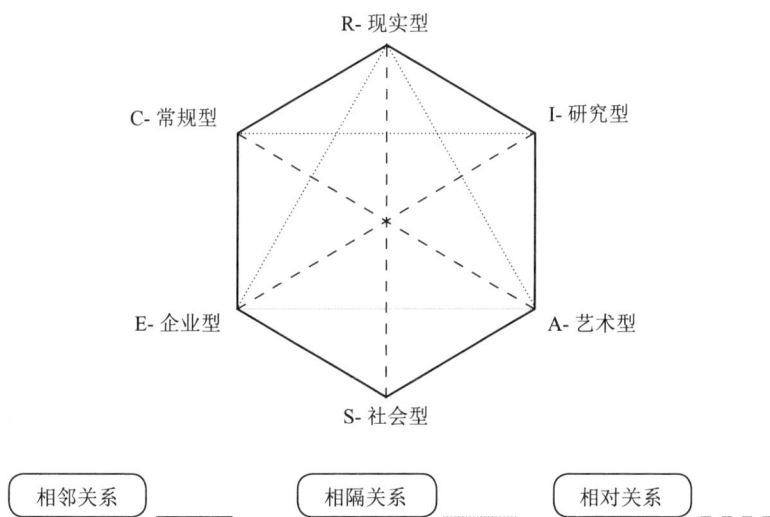

图1-3　人格与职业类型的六边模型

六边模型中不同类型的位置代表了不同的内在联系，相邻关系的共同点最多，距离远的相对关系则差异最大。

在实际择业过程中，通常不会只符合某一个特定人格类别，因此，在评价测试者的兴趣类型时，也常以其在六大类型中得分居前三位的类型进行组合评价，组合时根据分数的高低依次排列字母，构成其兴趣组型，如ESI、SIC等。

根据评价结果，选择相关性高的职业类型，适应性与兴趣度会较好。企业在招聘时若能以霍兰德的职业兴趣理论为指导，容易挑选到与岗位工作相适应的员工。

霍兰德测试的六个维度的详细含义，见表 1-7。

表 1-7 霍兰德六边模型的含义

类 型	特 点	职业建议
现实型 （realistic）	谦虚、踏实稳重、不善言辞、性格保守，身体灵活、动作协调、动手能力强 喜欢使用工具、机器，乐意从事操作性工作。偏好于具体任务，较缺乏社交能力	适合从事与机器、工具、运动器材、植物和动物相关的职业 如技术性岗位：计算机技术、摄影师、制图员、机械装配工；技能性职业：木匠、厨师、技工、修理工、农民
研究型 （investigative）	求知欲强、善思考、有韧劲儿，喜欢逻辑分析和推理、知识渊博、抽象思维能力强。喜欢独立而富有创造性的工作，热爱探索发现。不喜组织领导	适合从事与智力或分析能力相关的研究工作 如天文学家、科研人员、化验员、工程师、医生、系统分析员
艺术型 （artistic）	敏感、易情绪化、有创造力，具有一定的艺术才能，善于表达，乐于从事创新性强的工作，渴望展现自我，不爱服从指挥。做事理想化，追求完美，不善于事务性工作	适合一些要求具备艺术修养、创造力、表达能力的工作。如演员、导演、艺术设计师、雕刻家、摄影家、歌唱家、作曲家、作家、诗人等 如果是从事一般常规性工作，此类型人易于将事情做得具有美感或格调
社会型 （social）	热情、友好、善解人意、擅交际、善言谈、乐于助人、好为人师。关心社会问题，比较看重社会义务和社会道德 乐于从事为他人服务或教育他人的工作	建议从事为人提供信息、启迪智慧、培训或治疗等工作 如教师、教育行政人员、社会工作者、咨询人员、公关人员、导游、销售
企业型 （enterprise）	精明善辩、精力旺盛、乐观开朗、具有冒险精神、交际能力强、追求权利权威、具有领导才能、企图心强。容易以金钱与利益得失衡量事物价值 乐于从事可支配他人或获得利益的工作	建议从事可发挥经营管理能力的工作。如企业法人、营销人员、政府官员、职业经理人、法官、律师等 日常工作中，企业兴趣强的人具有较高驱动力，做事目的性强，不拖沓
常规型 （conventional）	沉稳踏实、有责任心、谨慎保守、关注细节、计划性强，尊重规章制度，喜欢在权威领导下按计划办事。易于接受他人领导，不爱出风头。缺乏创造性与冒险精神	建议从事规章制度明确的，有条理的细致工作 如文秘、校对、出纳、会计、行政助理、图书馆管理员、投资分析员 如果人的常规兴趣特别弱，工作中则有可能表现为粗心大意与莽撞

1.2.2 帮助新员工快速融入集体

新员工入职后，通常需要一段时间去适应企业的新环境，在这一阶段HR 要根据实际需要组织入职培训，帮助新员工快速融入集体，获得提升。入职培训的主要目的如下：

①了解岗位要求，获得对应的工作必备技能和知识。

②让新员工放松心情，促进其产生积极的工作态度。

③让新员工对企业产生归属感，降低入职初期离职率。

④帮助员工了解企业历史与组织结构，认识需要协作的同事。

⑤帮助员工尽快熟悉企业管理制度、薪资福利与工作流程等信息。

⑥适应企业文化、价值观以及对员工的期望。

入职培训的方法多种多样，常见的几种培训方式见表 1-8。

表 1-8 常见的培训方法

培训方法	具体内容
讲授法	属于传统的培训方式，运用起来方便，便于培训者控制整个过程。但是信息传递后的反馈效果差。常被用于一些理念性知识的培训
视听技术法	通过现代视听技术（如投影仪、DVD、录像机等工具），对员工进行培训、直观鲜明。但学员的反馈与实践较差，且成本高，内容易过时。多用于企业概况、传授技能等培训内容
网络培训法	是一种新型的计算机网络信息培训方式，投入较大。符合分散式学习的新趋势，节省学员集中培训的时间与费用。这种方式信息量大，新知识、新观念传递优势明显，更适合成人学习
个别指导法	师徒传承也叫"师傅带徒弟""学徒工制"，是由一个在年龄上或经验上资深的员工，来带领一位资历较浅者进行个人发展或生涯发展的体制
角色扮演法	受训者在培训教师设计的工作情况中扮演其中角色，其他学员与培训教师在学员表演后作适当的点评。由于信息传递多向化，反馈效果好、实践性强、费用低，因而多用于人际关系能力的训练

在培训正式实施之前都需要制订培训计划，一方面让培训工作顺利开展，另一方面也能方便领导审批。制订培训计划的步骤，如图 1-4 所示。

①确认预算。确定有多少预算金额能够用于培训，并向负责人进行详细说明。

②分析需求。提前收集员工关于培训的看法，可询问部门经理，从而找到适合的培训项目。

③制订需求表。根据培训需求列出详细的清单，列举出符合要求的所有培训课程。

④筛选重要项目。在列举清单中根据培训成本和对企业的重要性筛选出合适的项目。

⑤选择培训师。决定是使用内部讲师进行培训、外部讲师进行培训还是其他培训方式，通常根据资金计划和需求进行确定。

⑥制订时间表。制订详细的培训课程时间安排表，并明确培训地点，提前将培训的具体事宜告知要参加培训的人员。

⑦后勤保障。准备好与课程相关的事项，如培训需要的相关设施设备、影印文件和饮食等。

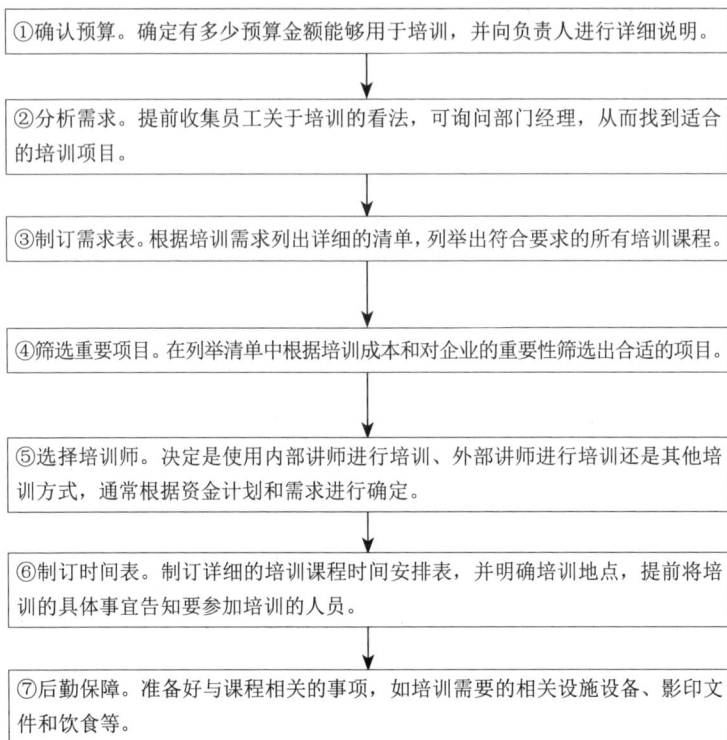

图 1-4　制订培训计划的步骤

　　培训计划设置完成后并没有结束，还需要考虑培训计划的实施，注意培训师、培训对象、培训地点、培训设备以及培训时间等的选择。

1.2.3　心理效应，诱人主动学习

　　学习是指个体在一定情景中由于反复体验而产生的行为或潜能的持久变化。新员工培训其实就是一个帮助他们学习的过程，通过学习，促使其掌握工作技能。然而许多新员工在入职培训中表现出的是被动学习，这时培训师和 HR 要注意引导员工主动学习。

　　要想获得较高的学习效率，就必须促使新职员具有明确的学习动机，这样能够促使员工快速掌握目标内容。学习动机各种各样，我们可以结合心理学效应，辅助做好入职培训，如图 1-5 所示。

正反馈效应

当职员做出的成绩达到岗位需求、符合组织价值观、促进了企业顺利运营时，我们可以做出正反馈，适当地夸奖、鼓励他，进而当事人会更努力地完成工作。

霍布森选择效应

多方关注参与入职培训的员工，让其感觉到自己是被公司重视的，关注度增加，提升自信心，其学习效率也会随之提高。

结伴效应

两个人或几个人结伴接受相同培训，经受同样的考核时，新人之间会提升学习的干劲与竞争的刺激，促进学习效率。

罗森塔尔的负效应

提前告知培训师某些新人有较高的潜力，从而可以使培训师对其产生较高的期望和关注力。被培训的新人受该效应的影响，会拥有更强的学习动力。

鲇鱼效应

在大量沙丁鱼中放入鲇鱼，挑起它们和沙丁鱼之间的摩擦和争端，使沙丁鱼在紧张中不断地游动，避免其死亡，这就叫鲇鱼效应。培训时，提供一个适度紧张的氛围可以促使新人更好地发挥潜力。引入一个强有力的竞争者，可以促进其他人的主观能动性。

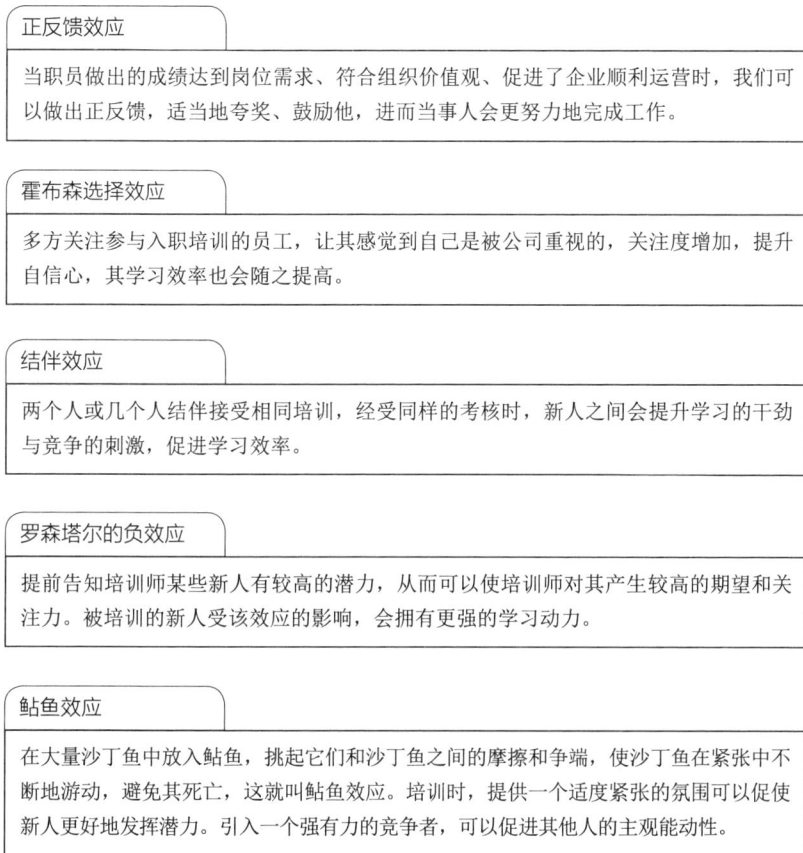

图 1-5　入职培训的心理学效应

需注意的是，HR 或培训师在运用这些心理效应之前，应当充分了解新职员的性格、能力与心理状态，这样才能有针对性地进行引导，从而在员工的入职学习过程中获得正效应。反之，如果心理效应运用得不好，有可能产生负面效果。

1.2.4　通过选拔决策为组织注入活力

通过招聘的方式虽然可以为企业注入新鲜血液，提升企业活力，但是会产生较大成本，而且招聘到的人员与企业所需人才可能存在不相符的情况，这就会导致资源浪费。

要想为企业注入活力，并非只有对外招聘这一种方法，人力资源管理者应根据岗位需求，来确定选拔形式。下面来看具体的案例。

｜实例分析｜单一人才选拔方式的缺陷

某公司是一家从事电子设备生产和销售的科技公司，经过10多年的经营，在行业中属于发展较好的公司，积累了大量的客户和技术经验，市场占有率较高，唯一的问题是目前公司缺乏创新，大部分员工都是按部就班地工作，近一年公司整体进步不大。

为了缓解这一现状，为公司注入新鲜"血液"，公司高层决定高薪聘请一位经验丰富的管理者，通过较好的管理提升企业的创新力与活力。但是该管理者入职以后，由于不熟悉所从事的工作项目，只是对简单的绩效考勤等进行管理，忽视员工能力，对企业的技术部门指手画脚，最终导致技术部骨干人员纷纷离职，这直接导致企业的产品出现较大的问题，后期出现大量返修产品，公司内部人心惶惶。

公司高层这才意识到之前的决定存在问题，与其招聘一位外行来管理企业，不如将内部经验丰富的人员提升为管理人员更有利于企业发展，现在只能懊悔不已。

从该案例可以看出，该公司高层管理者思维方式单一，且局限性较大，认为人才选拔就是对外招聘，忽略了从企业内部选拔的方式，导致企业遭受重大损失。

下面具体来看企业中常用到的人才选拔方式，主要有三种，分别是外部选拔、内部招聘选拔以及返聘雇佣，见表1-9。

表1-9　常见的人才选拔方式

选拔方式	具体内容
外部选拔	考核多个求职者的工作能力、职业兴趣和性格特征，从中确定最适合的人选
内部招聘选拔	内部选拔又分为两种，一种是上级领导在长期工作中发掘了下属的工作潜力，直接交付重要任务，对其进行提拔。另一种则是出现职位空缺之后，面向全公司发布岗位空缺公告，以自愿报名并竞聘的方式选拔人才

续表

选拔方式	具体内容
返聘雇佣	专业性较强的企业或岗位，可以与工作能力较强的正常离职人员保持联系，在需要的时候可以邀请对方回到公司继续工作。需注意的是，在将过去的职员返聘时，要明确其能力确实是变强，给予更高的薪水是合理的，不能给其他职员带来"离职出去逛一圈就能回来拿更高薪水"的错误印象

1.2.5 直观评估培训效果和领导力

人才选拔通常不能仅通过观察或是个人的印象判断员工的工作能力，这样得出的结果不科学，也不能令其他员工信服。HR应该对培训结果进行评估，直观了解员工的具体情况。

（1）培训效果评估

培训效果评估方法有多种，这里重点介绍柯氏四级培训评估。柯氏四级评估模式是十分有效的培训效果评估方法，主要内容见表1-10。

表1-10 柯氏四级评估模式

4R	内 容	方 法	问题示例
反应评估 (reaction)	评估被培训者的满意程度。包括对讲师和培训科目、设施、方法、内容、收获等的反应	通过问卷、座谈或培训师的现场感受来收集受训人员对于培训项目的效果和有用性反馈	1. 对培训内容感兴趣吗 2. 感觉这个培训有用吗 3. 对培训师或培训内容是否有意见或建议
学习评估 (learning)	测定被培训者学习获得程度。测试受训人员在工作技能、工作态度等方面的情况	采用书面笔试、访谈、实际操作和工作模拟等方法来了解受训者在知识以及技能的掌握方面有怎样的提高	1. 是否积极参与培训 2. 能掌握培训内容吗 3. 知识与技能的提高情况如何
行为评估 (behavior)	考察被培训者的知识运用程度。即考察受训者行为在培训前后是否发生变化	培训官的客观分析，下属和同事对其培训前后行为变化的对比，上级或客户的评价，以及受训人员本人的自评	1. 受训人员培训后在实际工作中有无明显改变 2. 所学技能是否对实际工作带来良性影响 3. 工作中能否灵活运用所学知识

续表

4R	内　容	方　法	问题示例
成果评估 (result)	判断培训是否能给企业带来经济效益	考察培训会后的生产率、离职率、事故发生率与次品率等。员工自主驱动力和客户满意度也应纳入考察范围	1. 受训者行为的改变对企业是否有用 2. 培训能否促进企业不断发展

（2）领导力测试

领导力在领导系统中是一个根本性、战略性的范畴，是领导者凭借其个人素质的综合作用在一定条件下对特定个人或组织所产生的人格凝聚力和感召力，是保持组织成长和可持续发展的重要驱动力。

优秀的领导者通常需要具备一些特定的能力，包括关爱员工、懂得授权、擅长关系管理、能够制订战略和拥有创新力与执行力等。通过模型化，即可将领导力概括为六种能力，分别是学习力、决策力、组织力、教导力、执行力以及感召力，具体评估方法见表 1-11。

表 1-11　领导力素质对比

类　型	能　力　高	能　力　低
学习力	领导人要有超速成长的能力，总是走在时代的前列，走在队伍的前列，善于学习和提升自己	没有较多时间学习，难以掌握行业高新知识，学习能力差
决策力	目标明确，能预计三到五年后的公司发展情况，可规划出部门或企业发展路线	缺乏洞察力，鼠目寸光，无法预估部门或企业的前景，只能按上级安排任务按部就班工作
组织力	善于发挥团队的作用，能够引导员工的创造力，能够授权给下级以便更顺利地工作	无法带动员工朝着目标努力，自身事务繁重，不会分担给他人
教导力	善于培养人才，帮助自己共同完成工作，善于识别人才，并且有能力和方法进行培养	难以发现周围的人才，不愿给员工机会进行才能展现
执行力	能把握机会，善于调动一切资源完成目标任务，促成企业成长	安于现状，遇事无法主动出击，爱推诿责任

续表

类 型	能 力 高	能 力 低
感召力	能够凝聚人心，使员工能够心甘情愿追随，受到员工的尊重	无法凝聚人心，工作中展现出各自为政、一盘散沙的状态

不同的人有不同的领导风格和领导力，需要通过一定的方法进行评估和发现，并针对性地进行培训，有利于企业人才不断产生。

第2章

沟通与谈判过程中心理效应的影响

　　沟通交流在工作中是不可避免的，企业日常运转离不开员工交流，沟通不顺畅就容易产生矛盾，引发心理问题等，这就需要 HR 掌握相应的方法，帮助员工解决烦恼，专心工作。

- 了解常见的沟通模式与类型
- 善于从言语间发现员工内心感受
- 掌握常用的解压技巧
- 处理职场综合征的心理疗法

2.1 掌握沟通技巧，提升人际吸引力

很多人都认为沟通很简单，不就是说话吗？那么为什么有的人一句话就交代清楚的问题，有的人 5 分钟还讲不明白呢？归根究底，是因为缺乏沟通技巧。HR 日常工作繁杂，接触的人和事较多，因此掌握高效的沟通技巧，更能高效开展工作。

2.1.1 了解常见的沟通模式与类型

在学习本节内容之前，首先通过一个案例来看沟通不畅给企业工作的开展带来的负面影响。

| 实例分析 | 低效沟通导致员工在工作中相互推诿

营销系统会涉及诸如推广期间充值返利的活动，一般这样的活动内容包括推广期间充值返钱或送优惠券等。在系统实现方面，新做的营销系统和已经在线上运行的账户系统是两个独立的应用。几个开发人员关于系统开发展开了激烈讨论。

张某："关键是怎么判断是活动期间的首充还是续充呢？"

李某："你用时间判断就可以呀。"

张某："客户是否充值我们获取不到呀，我这个系统只管设置活动细则。王某，你来判断活动期间的首充吧。"

王某："活动是你们做的，我又不知道充值跟什么活动有关。"

现实工作中这样的情况也时有发生，沟通不畅就可能导致问题变为矛盾，产生隐患。

沟通不是一个人完成的，是需要人与人之间进行互动的一种社会活动，要想达成良好的沟通效果，需要注意几个心理原则，见表 2-1。

表 2-1　良好沟通的心理原则

原　则	具体介绍
自信表达	善于表达才能沟通，沟通时应情绪饱满、自信大方，清晰地阐明自己的想法、观点，获取他人的信任和理解
以诚待人	沟通是否顺畅不仅取决于内容还取决于态度，真诚、客观地沟通，更容易让对方产生好感，所传达的信息也更容易被人接受
尊重热情	沟通是人与人之间从心交流的起步，相互尊重是沟通成功的基石。热情而直接的言谈会使人感到心情愉悦，尊重的态度能让人更愿意敞开心扉
对事不对人	交流的过程中难免产生矛盾、争执，应当做到对事不对人，尽可能不要因对人的偏见而影响自己的判断，导致沟通不畅
谨慎耐心	多站在对方角度思考，耐心地组织语言与他人交流，这种态度更容易获得对方信任，可以使沟通更顺利

人际交往过程中的沟通类型多种多样，我们还应根据需求选择不同的类型，以便更高效地交流。根据不同的分类标准，沟通可以分为不同类别，下面分别进行介绍。

（1）按沟通方式分类

按沟通方式的不同，可以将沟通分为语言沟通和非语言沟通两种类型。需要注意的是，两种类型并非对立，最有效的沟通是语言沟通和非语言沟通的结合。

语言沟通。这是运用最广泛、最准确有效的沟通方式，它包括了口头沟通和书面沟通两种形式。书面语言具有准确性与持久性，能够使沟通过程超越时间和空间的限制。

非语言沟通。非语言的沟通是指通过身体动作、姿势体态和语气语调等方式交流。它的实现包含了三种方式，如图 2-1 所示。

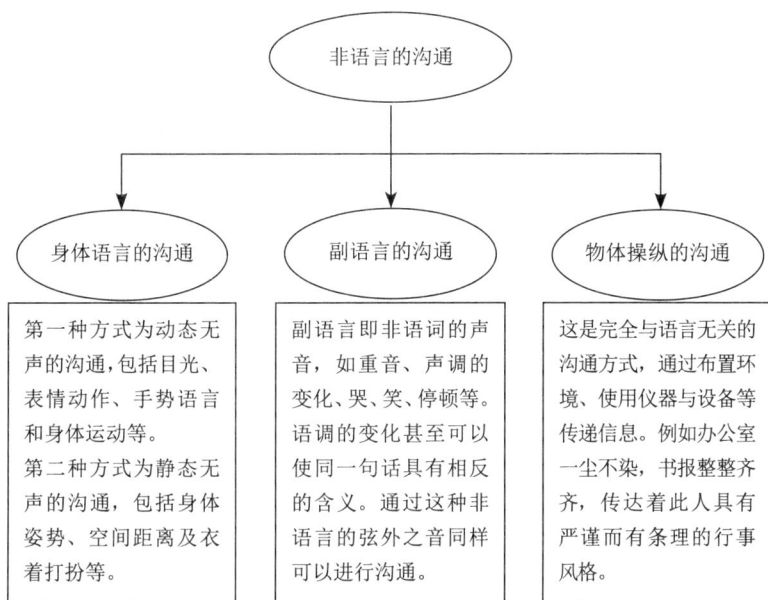

图 2-1　非语言沟通的三种方式

（2）沟通按结构分类

沟通按具体结构划分，可分为非正式沟通与正式沟通两种，下面分别进行介绍。

正式沟通一般出现在组织系统内，按规章流程进行信息的传递和交流。美国著名组织行为学家、心理学家哈罗德·莱维特经过研究，以五个人为一群体为例，将正式沟通分为四种形态：环状沟通、链状沟通、轮状沟通和 Y 形沟通。

在这之后，又有学者在哈罗德沟通类型的基础上进行了完善，加入了全通道交错型沟通，如图 2-2 所示。

这几种沟通方式都有其对应的优缺点，具体介绍见表 2-2。

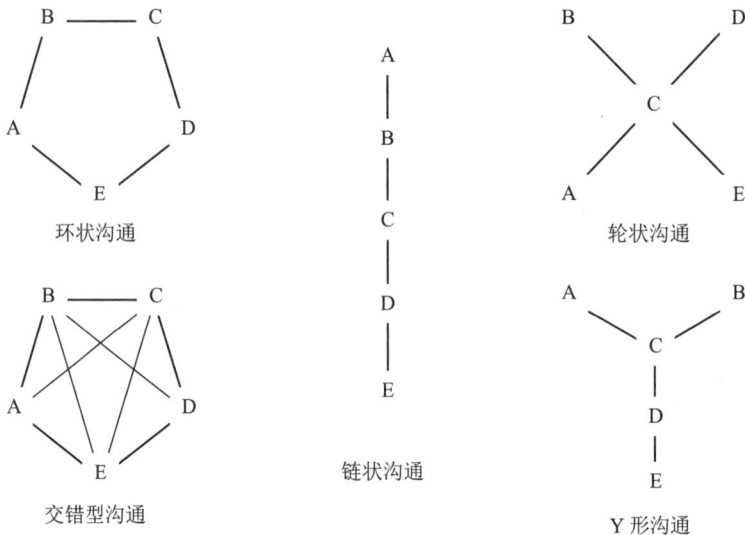

图 2-2　正式沟通的五种形态

表 2-2　正式沟通的各类型优缺点对比

类　型	含　义	优　点	缺　点
链状沟通	这是一个纵向的平行网络，居于两端的人只能与内侧成员联系，居中的人则可分别与两侧的人沟通信息	信息可以自上而下或自下而上进行条理性传递，适合需要实行分权、授权管理的情形	层层传递的过程中信息容易失真，每层信息的接受程度不同，可能造成平均满意程度的差异
环状沟通	可以视作链状沟通的封闭式控制结构。多人之间依次进行联络和沟通，每个人都可同时与两侧的人沟通	人人平等的地位使组织中成员具有比较一致的满意度，能鼓舞成员士气	组织的集中化程度和领导人的预测程度都较低，信息沟通不畅通，领导者无法迅速收集多方意见
轮状沟通	属于权威控制型网络，只有一个成员是各种信息的汇集点与传递中心，相当于一个领导直接管理几个部门	这种网络信息集中化程度高，解决问题的速度快，主管人的预测程度很高	沟通的渠道很少，组织成员的满意程度低，容易导致士气低落
Y 形沟通	纵向沟通网络的变种，有一个成员位于沟通内的中心，成为沟通的媒介，类似下层职员与上级主管、秘书领导之间的纵向关系	这种网络可对组织实行有效的控制。位于中心的人可帮助领导选择信息，提供决策依据，节省时间	除中心人员外，组织成员的平均满意程度较低，有可能影响组织中成员之间的士气。如果出现问题则易导致信息被曲解

续表

类 型	含 义	优 点	缺 点
交错型沟通	这是一种开放式的信息系统，其中每一个成员之间都有一定的联系，彼此了解，相互沟通	沟通渠道丰富，组织成员的平均满意程度高且差异小，所以合作气氛浓厚。有利于团队协作解决复杂问题	因人多嘴杂而可能导致费时、效率低下，信息在传递时也有可能造成混乱

非正式沟通包括集体旅游、同事聚会和朋友闲聊等休闲形式的沟通。其优点是沟通形式灵活自由，成员因心情放松更容易袒露心事，有利于增进团队凝聚力；缺点是有可能使信息失真或聚集小团体影响公司其他同事之间的关系的稳定性。

（3）按沟通时信息流动方向分类

根据沟通信息的流动方向，又可将其划分为上行沟通、下行沟通以及平行沟通。

上行沟通：自下而上的沟通，信息由组织层级的低处向上流动。例如下属向上级进行正式的书面或口头汇报。还可以通过意见箱、座谈会等形式进行上行沟通。

下行沟通：自上而下的沟通，信息由组织层级的高处向下流动。例如以命令方式传达领导的决定、计划和规定等信息。

平行沟通：平行沟通指组织中同等级别的人之间的沟通，也被称之为横向沟通。例如小组会议、业务交流等。这种沟通方式权威性小，较为轻松自由，但容易出现互相推诿或沟通效果不佳等情况。

2.1.2 用心倾听员工的需求

倾听是有效沟通中必不可少的环节，适时的沉默、专注去倾听，是给予沟通对方极大的尊重，可以使其敞开心扉。同时自己正确地去倾听和收集对方言语与非言语的信息，也更能理解和接纳对方。

因此，HR 在实际工作中要学会用心倾听员工的想法。倾听可分为被动式倾听与主动式倾听两种。

被动式倾听：用点头、微笑、专注的凝视以及极少的语言（是的、嗯、明白了……）表示自己在倾听。

主动式倾听：适时地反馈、提问，参与到话题中，主动表示自己在饶有兴致地倾听。

此外倾听过程中要有良好的态度和习惯，设身处地地去感受，注意察言观色，并适当地参与和反映。通常情况下，倾听反应主要包含五种类型，下面分别进行介绍，见表 2-3。

表 2-3　倾听反应介绍

类　型	含　义	方　法
鼓励	运用言语或非言语的方式使对方表达更多信息。通过鼓励，能使对方感觉更轻松，从而更能表达自己	包括点头、张开手，运用像"嗯哼"等肯定性短语，适当的微笑和关心是两种主要的鼓励手段
澄清	要求沟通对象对模棱两可或有隐藏含义的句子进行详细描述。让信息表达得更清楚；鼓励对方进行更详细的叙述；明确容易混淆的信息	以疑问的语气客气地进行询问。例如"你是说……"；"你指的是……"；"能再解释一下……吗？"通过倾听与观察判断对方言语中的诚意
释义	将沟通对象所表达的内容进行归纳总结。让对方清楚你已经了解了他所想表达什么；鼓励对方的表达，进行深入的探讨	首先要明确对方说了些什么；辨别沟通信息的中心思想；选择适当的语句陈述其内容；观察对方的反馈，判断自己是否真的理解了对方想要倾诉的内容。例如使用"在我看来……"；"我觉得这件事情……"
反映	对沟通对象情感方面流露的信息进行再解释。鼓励对方倾诉感受，帮助其宣泄并管理情绪	辨别沟通者当前的情绪状况(兴奋、愤怒、消极、积极等)；安抚对方情绪，消除敌意，亲切交流；表示理解对方，挖掘其内心深处的想法
总结	用简短的句子浓缩对方所传递的信息，刨除不必要的细枝末节；将信息更具逻辑、有脉络地进行整理	回忆对方表达了怎样的信息；寻找对方多次重复的内容，找出重点；选择词语将信息完整描述；阐述自己的观点，观察"结案陈词"的效果

在倾听的过程中可能会遇到一些障碍，这时需要我们尽可能克服它，避免倾听失败。

①不要打断对话，耐心听对方完整倾诉。

②不要轻易给出建议，避免匆忙下结论，不能急于评价对方。

③忍住好奇心，不要试图推测对方还没有说出来的意思。

④不要深究无关紧要的细节，但如果感觉对方有隐藏含义之处则需挖掘其中内幕。

⑤回忆对方讲述的内容时要避免主观情绪，尽可能地实事求是探寻真相。

⑥多听少说，避免以自我为中心忽略他人。

在倾听时，我们还需要适时沉默。沉默可以代表尊重与接纳，也可以给予谈话者自我表达与宣泄的需要。在沉默时，需要运用一些语气词表示自己没有走神；当对方沉默时，则要耐心地引导对方继续表述。

> **知识延伸 | 倾听过程的目光接触**
>
> HR在倾听沟通对象讲话时，要注意眼神接触，从而传达出对沟通对象的重视。沟通对象感受到HR散发的温暖，就会有勇气，愿意勇敢地面对任何问题。如果HR的眼光闪烁不定，就会让对方的眼神无法凝聚，精神涣散，会觉得HR虽身与自己同在，而心另有所属。

2.1.3 善于从言语间发现员工内心感受

非言语方式的沟通也能在无形中透露很多信息，只要我们在沟通过程中善于观察。

罗伯特·普拉特契克的情感理论是一般的情绪反应中最有影响力的分类方法之一，他认为情绪由三个维度决定：强度、相似性和两极性；可表示八种基本情绪：愤怒、恐惧、悲伤、厌恶、惊讶、期待、信任和快乐。

每种情绪都是在丘脑的控制下出现的一种面部肌肉反应，因而面部表情具有特定的模式，人们可以通过分辨谈话者当前的表情，得知他的情绪。

①兴奋情绪：眉眼向下，瞳孔追踪着观察对象，侧耳倾听。

②愉快情绪：笑、嘴角向上翘、嘴唇朝外向上扩张、眼睛含笑（半眯眼、眼角向上或眼周有环形皱纹）。

③惊讶情绪：眼眉朝上、眨眼、圆睁眼。

④悲痛情绪：哭、眼眉拱起、嘴唇下撇、落泪、抽泣。

⑤恐惧情绪：发愣、瞪眼、脸色苍白、冒冷汗、汗毛竖立。

⑥羞愧、羞辱：眼朝下、头低垂、抿唇、缩脖子。

⑦蔑视：冷笑、翻白眼、嘴唇斜撇。

⑧愤怒情绪：皱眉、眼变狭窄、咬紧牙关、面部充血。

此外，人的坐、卧、行、站、谈等身体姿态不仅能传递情绪，还可以表达更丰富的内容，具体见表 2-4。

表 2-4　身体姿态的具体含义

类　别	身体姿态	含　　义
坐	翘单脚，二郎腿	自信、闲散
	敞开双脚，自由摆放	性格外向、豪爽洒脱、有权力欲
	双腿前伸，双脚在踝部交叉	固执，行事不拘小节，希望成为中心人物
	两膝并拢，两脚分开	乖巧、敏感、斯文、内敛
	双腿并拢，双脚平放	坦率、开放、严谨
	弓腰驼背、手夹在大腿之间	胆怯、自卑、惯于服从
	深深坐入椅内	放松、自信、信任对方
	不断挪动位置、频繁改坐姿	焦躁、心神不定、想要结束谈话
卧	平躺仰卧	放松、心胸开阔
	俯卧	含蓄、固执
	蜷缩	缺乏安全感
	侧卧	谨慎、性格稳妥

续表

类　别	身体姿态	含　义
行	迈大步，步子有力度、有节奏	自信、乐观、雄心勃勃
	疾走不看四周，步履匆匆	急躁、易冲动
	拖着脚小碎步挪动	沉默的内向者或者行事拖沓
	手臂摆动幅度大	精力充沛、心情愉悦
	手臂摆动幅度小	心情不好、精神萎靡或做事小心谨慎
	走路爱靠着墙，垂头	自卑、内向，做事易犹豫不决
站	双脚自然站立，手自然摆放	自信、乐观、人际关系和谐
	双脚自然站立，双手插兜	敏感、谨慎，通常不愿与人交心
	平行站立，双手交叉抱胸前	善于保护自己，喜爱挑战，有时会拒人千里之外
	双脚自然站立，时不时抖腿	好表现、不稳重、有时会浮夸
谈	身体前倾，神情关注	表示对谈话感兴趣
	由慢条斯理突然变急促	紧张，急促时讲的内容可能有问题
	由普通姿势转为抱着胳膊	内心抗拒当前内容，或准备开口反驳

2.1.4　改善人际关系更受欢迎

　　人际关系指人们在人际交往过程中结成的心理关系、心理上的距离。良好的人际关系可以让人更加轻松、愉悦，促进个人和企业发展。

　　要想拥有良好的人际关系，首先需要了解影响人际关系的因素有哪些。

　　距离远近。人与人之间在地理位置上越接近，越容易发生人际交互关系，相互建立紧密的联系。

　　交往频率。相互交往、接触次数越多，越容易形成密切关系。

　　观念的相似性。人与人之间有着共同理想、信念、价值观和人生观，对某些问题的看法、观点相同或相似，则比较容易形成密切关系。

　　兴趣爱好的一致性。兴趣爱好相同的人在一起不仅有共同语言，而且谈话投机，彼此可以从对方得到教益和启发，因而容易形成密切的人际关系。

通常情况下与自己性格相似、类型相似的人更容易建立良好的人际关系，而对于不同类型的人应当采取有针对性的结交方法，见表 2-5。

表 2-5　造成偏见的原因

原因及方法	具体介绍
木讷者，唤起兴趣	性格木讷的人有时容易忽视对方的话语，可能对周围事物兴趣较低。这就需要仔细观察，从言谈举止中发现其兴趣点，然后针对性地交谈
傲慢者，尽量少说	有的人性格傲慢，目中无人，认为自己高人一等。对于这种人，在接触和交流过程中要少说，尽可能直奔主题
高深莫测者，直奔主题	有的人在日常工作中表现出十分高深的样子，谈话有深度。这就应当直截了当与其交谈，避免进行不必要的深入探讨
冲动行事者，层层求证	这类人通常是急性子，做事、说话直率，做出决定后容易反悔。对于这类人需要在谈话中控制节奏，分阶段征求他的意见，以确保本意没有被误解，以及他之后不会再更改想法
固执者，耐心沟通	对于固执己见的人，要想与其较好沟通，则需要花费时间，逐步沟通，慢慢让其了解或接受
自私者，投其所好	对心中只有自己而很少考虑他人感受的自私自利者，与其进行交谈时应当投其所好，以利益进行说服是上上选

要想改善人际关系，用户需遵循正确的人际交往原则，只有原则明确，才能更好地与他人交流。

求同存异：挖掘双方共同之处作为改善关系的基础，培育共同的价值观，但也接受不同的观念、想法的存在，以保持人际关系的稳定性。

以诚待人：待人真诚热情，设身处地为他人着想，真心实意地与别人交往，从而提升人际吸引力。

尊重他人：不要以自我为中心，要耐心倾听对方讲话，尊重他人的劳动成果与人格尊严，只有真诚的给予尊重才能获得他人的尊重。

严于律己，宽以待人：谦虚谨慎，严格要求自己，勇于正视自己的缺点，不对别人存在偏见，宽容地接受他人的不足之处。这样谦虚的人必然能获得较高的人际吸引力。

2.2 正确应对职场心理压力和危机

员工在职场工作中，接触到的事情较多，职场压力在所难免。工作任务繁重、同事关系恶化以及客户压力等都是影响因素，这时 HR 就可以运用心理学方法进行化解。

2.2.1 低压职场环境对员工心理的影响

对于员工而言，在工作中或多或少都会感受到压力，这是无法避免的。但是压力并非都是有害的，轻度合理的压力对员工来说有时反而能起到促进作用，关键是正确引导员工正视压力。

通常，职场中存在两种类型的压力：一种是个人压力，另一种是组织压力。下面分别进行介绍。

（1）个人压力

个人压力通常是员工个人存在的压力，这在职场中普遍存在。HR 要注意的是加强员工引导，帮助他们缓解自身压力，化压力为动力。通常有以下方法可以进行个人压力管理，见表 2-6。

表 2-6　个人压力管理方法

方　　法	具体介绍
正确认识环境	要想管理压力，首先要对压力有一个正确认识，即压力无处不在。对可能出现的职场压力进行评估预测，做好心理准备。这样能够在压力真正出现时坦然面对，避免因此产生恐惧感，自然就更容易战胜压力
正确认识自己	人通常容易看清别人，却难以看清自己。很多压力都是对自己的认知出现偏差导致的。例如高估自己的工作能力、高估自己的工作速度等。只有认清自己，结合自身条件确定工作目标，才能降低工作压力
提高环境适应力	想要在岗位上有所发展，就需要逐渐适应工作环境，合理安排工作时间，做事有条理、有规划，不断调整自己，适应当前工作节奏，就能降低压力感
建立支持性网络	学会休息和放松，建立良好的社交网络，加强与他人的合作。找到能够共同进步的小伙伴，能够得到家人、朋友、同事的支持和鼓励，能够帮助身处压力中的人树立信心战胜困难

（2）组织压力

组织压力也就是工作环境给员工造成的压力，这部分压力是 HR 可以把控和调整的。HR 有必要做好相关组织工作，为员工提供相对"低压"的工作氛围，以促进职员身心健康，具体见表 2-7。

表 2-7　组织压力管理方法

方　　法	具体介绍
创造良好环境	良好的工作环境有利于员工放松身心，减少噪声、控制室温以及确保照明合理等都是合理方法。在组织结构上避免权利过于集中、建立合理晋升通道等也可减少员工的工作环境压力
注意人岗匹配	不同的员工有不同的兴趣和擅长领域，这就要求企业能够知人善任，合理安排工作，让员工在相适应的岗位上发展，这样更能够减少员工的压力，提升员工积极性
适时开展培训	员工在企业中工作一段时间难免会感到迷茫，因此可以适时开展培训，将员工拉回到企业发展的正轨上，让员工对未来有所憧憬，还能够帮助新员工快速适应工作节奏，这些都是 HR 可以协助员工缓解压力的方法
营造团体氛围	企业内部团体氛围良好，能够帮助员工产生亲近感、归属感，在遇到问题和压力时，更勇于向周围的同事、领导求助，缓解压力。如果员工之间相对封闭，则可能导致员工产生压力
明确组织期望	个人过高的目标、组织过高的要求，都是压力来源中较常见的类型。人力资源管理者可以协助大家找到明确而合理的组织期望，避免好高骛远，从而产生压力
开展组织援助	关注且关心公司内部职员，适时进行关切交流，将压力问题防患于未然。当公司职员出现压力引起情绪问题、生理问题时，能及时发现并借助心理辅导来帮助职员克服压力，缓解不良情绪

员工到公司工作，都是为了获得发展以及获取相匹配的报酬，因此完善企业的考核体系、薪酬体系和福利体系，同样能够起到缓解员工压力、促进企业发展的作用。

2.2.2　掌握常用的解压技巧

职场中的压力众多，要想不被压力绊倒，在工作中取得进步，就需要掌握一定的解压技巧。下面来看具体案例。

| 实例分析 | 转移注意力解压

黄某大学毕业6年了，一直在一家外企公司中担任市场营销总监，也是IT行业的优秀人才，营销能力出众，为公司带了不小的业绩提升，备受公司高层关注。

2022年以来，随着公司营销指标的不断增加，黄某也时常感到压力巨大，因此常常会为失去一个大客户而怒气冲天、迁怒四座，脾气火暴、一点就着。还经常为了一点点小事件突然发火，发过脾气后才明白自己的定力这么差，事后深感后悔。

为了解决这个问题，每次在自己快要发火时，就将注意力转移到其他事情上，等情绪平复了再回过头来处理，渐渐地，黄某能够很好控制自己的情绪了。

上述案例中，黄某通过转移注意力的方法缓解工作压力，是十分可取的。此外还有许多方法可以用来缓解压力。

①定期锻炼，闲暇时出门郊游。

②学会拒绝，不要把别人的事情担在肩上。

③找到一个能够坚持的兴趣爱好，让生活充满愉悦感。

④听听音乐，看看电影，练练瑜伽，学会放松。

⑤全面而相对地看待工作中遇到的问题，接受事物本来的模样。

⑥早睡早起、不暴饮暴食，均衡营养。

⑦学会与朋友或家人分享工作中的喜怒，倾诉可以宣泄心中积压的不良情绪，以调整心态。

⑧适当地进行情绪的宣泄，例如心理学家认为哭泣能减轻压抑情绪，在海边呐喊也不失为一种好方法。

除了前面介绍的基本解压方法外，呼吸与冥想是心理治疗中常用的两种减压方法，对改善焦虑、急躁等情绪有明显的作用，甚至还能缓解疲劳，促进睡眠。

（1）呼吸减压

呼吸的功能是为身体提供氧气，呼出二氧化碳。专家认为过度换气会引起应激反应，进而有心理学家认为呼吸紊乱会影响情绪，导致心理、生理功能的失调。

反之，通过有意识的呼吸练习，学会简单的腹式呼吸法可以增加吸氧量，扩大肺活量，改善心肺功能，协助集中注意力、蓄积能量。

腹式呼吸法是学习其他呼吸法的基础，是通过加大横膈膜的活动、减少胸腔的运动来完成的。其操作步骤如图 2-3 所示。

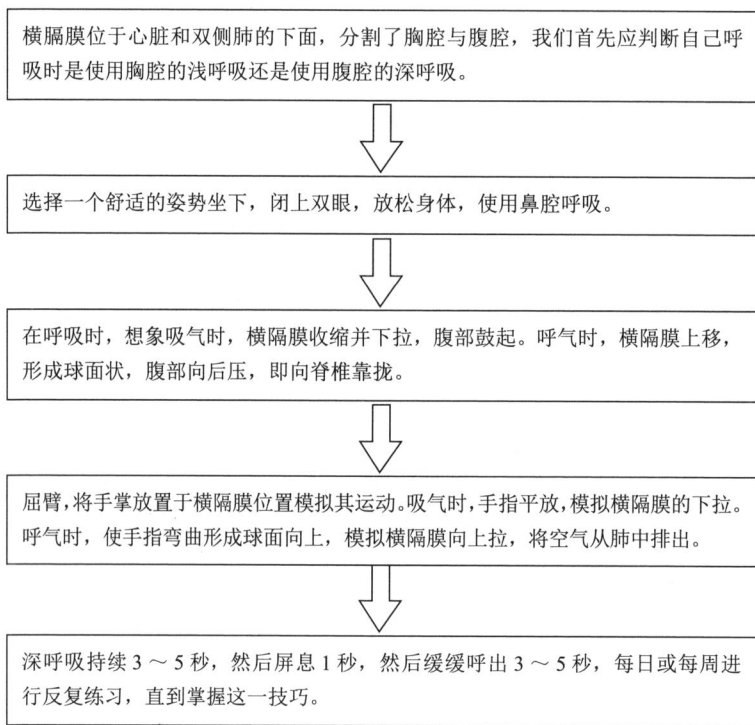

横膈膜位于心脏和双侧肺的下面，分割了胸腔与腹腔，我们首先应判断自己呼吸时是使用胸腔的浅呼吸还是使用腹腔的深呼吸。

⬇

选择一个舒适的姿势坐下，闭上双眼，放松身体，使用鼻腔呼吸。

⬇

在呼吸时，想象吸气时，横隔膜收缩并下拉，腹部鼓起。呼气时，横隔膜上移，形成球面状，腹部向后压，即向脊椎靠拢。

⬇

屈臂，将手掌放置于横隔膜位置模拟其运动。吸气时，手指平放，模拟横隔膜的下拉。呼气时，使手指弯曲形成球面向上，模拟横隔膜向上拉，将空气从肺中排出。

⬇

深呼吸持续 3 ～ 5 秒，然后屏息 1 秒，然后缓缓呼出 3 ～ 5 秒，每日或每周进行反复练习，直到掌握这一技巧。

图 2-3   腹式呼吸法的操作步骤

💡 **知识延伸** | 腹式呼吸法禁忌

在使用腹式呼吸法缓解压力的过程中需要注意：①如果感到不明疼痛应立即停止尝试。②有肌肉拉伤、骨折或外科手术伤口未愈合者不能尝试。③糖尿病、肾脏疾病、心脏病、低血糖和低血压者不能尝试。④孕妇不宜。⑤呼吸要深长而缓慢，尽量用鼻吸气用口呼气。

（2）冥想减压

冥想是一种方法技术，在心理学领域被广泛应用。心理学家认为冥想并非半睡眠或精神恍惚，反而是集中精神关注自己的思想与情感的一种放松状态，用以消除紧张、焦虑和疲劳状态。其操作步骤如图 2-4 所示。

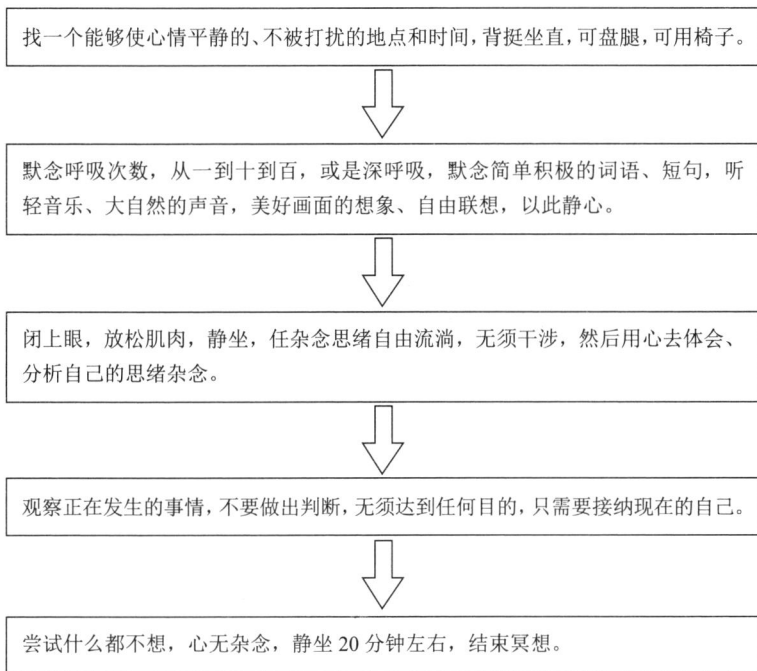

| 找一个能够使心情平静的、不被打扰的地点和时间，背挺坐直，可盘腿，可用椅子。 |

↓

| 默念呼吸次数，从一到十到百，或是深呼吸，默念简单积极的词语、短句，听轻音乐、大自然的声音，美好画面的想象、自由联想，以此静心。 |

↓

| 闭上眼，放松肌肉，静坐，任杂念思绪自由流淌，无须干涉，然后用心去体会、分析自己的思绪杂念。 |

↓

| 观察正在发生的事情，不要做出判断，无须达到任何目的，只需要接纳现在的自己。 |

↓

| 尝试什么都不想，心无杂念，静坐 20 分钟左右，结束冥想。 |

图 2-4　冥想解压法的操作步骤

💡 **知识延伸** | 冥想的注意事项与操作要点

　　冥想减压法的注意事项与操作要点：①冥想的环境需避免噪声、刺眼亮光、旁人的交谈等打扰。②穿宽松衣服，排空肠胃，餐后不做练习，避免犯困。③可以将注意力集中在旁边的烛光或其他物体上。④缓慢、均匀地进行呼吸。⑤每天有规律地进行练习。

2.2.3 做个和事佬，解决人际冲突

有人的地方就会有矛盾冲突，这是在所难免的。职场中员工接触的人和事较多，这就难免产生冲突。出现冲突并不可怕，关键是 HR 能够及时发现并解决冲突。

下面来看一个职场冲突案例。

┃实例分析┃ 没有及时解决冲突造成重大后果

某设计公司主要从事服装设计工作，最近接到一份订单，要求设计一款西装，于是相关负责人决定将这项工作交给两位设计人员共同设计。

然而在服装版面设计的过程中，两人存在分歧，分别提出了不同的方案，各执己见想要说服对方接纳自己的意见，越说越激动，HR 一时不查没能在争执初始阶段开口协调，待发现时两名设计人员已经直接争吵起来。

HR 经过初步协调，决定由其中一位设计人员继续完成设计工作，另一位设计人员开展其他工作。不曾想，改变工作的设计人员一段时间后就主动离职了。

通过上述案例可以发现，该 HR 为了设计工作能够顺利进行，出现冲突后通过不合理的方法进行了调解，看似解决了冲突，实则埋下了隐患，导致了日后员工的离职，这种协调方法是不可取的。

心理学家认为，人际冲突具有分歧、负面情绪和干扰三种重要成分，以此将冲突划分为了单特征型和多特征型两大类，其中又各有分支，具体介绍见表 2-8。

表 2-8   冲突的分类介绍

类　型	分　类	具体介绍
单特征	分歧型	1. 以关系为关注点的分歧，例如组织成员之间的能力质疑、性格不合 2. 以任务为关注点的分歧，例如资源分配不均、方案策划观念不同等，这种冲突若能合理控制，可以碰撞出创意的火花，促进团队发展
	情绪型	组织成员之间出现负面情绪，如愤怒、厌恶、憎恨、歧视，并以情绪主导了理智，产生冲突

续表

类 型	分 类	具体介绍
单特征	干扰型	一方通过碍手碍脚、乱嚼舌根、骚扰任务执行者或其他形式对另一方产生不利影响
多特征	情绪—分歧	因对任务目标或内容产生不同意见而开始产生摩擦，进而出现紧张、烦躁甚至愤怒的负面情绪。当分歧加剧时，情绪可能更加恶化，导致人际关系破裂
多特征	分歧—干扰	组织成员意识到自己与旁人存在竞争关系或与旁人在达成目标方面存在分歧，于是在执行任务过程中进行理性的干扰，进而导致了人际冲突
	情绪—干扰	组织成员因负面情绪而在完成任务过程中刻意干扰他人，或因负面情绪倾注于他人而导致干扰的产生。这种人际冲突通常是源于私人感情矛盾或性格不合导致的情绪问题，一般与任务无关
	情绪—分歧—干扰	这是最复杂的一种人际冲突，由多种矛盾交织而成，相互妨碍，HR 在处理过程中要综合考虑多方面因素

HR 在日常工作中难免会遇到需要进行人际冲突预防与管理的情况。HR 应当知道如何从心理学角度解决职场冲突，心理学中将冲突处理模式分为了以下几种。

①竞争：竞争模式要求双方合理竞争，在不考虑对方利益与态度的情况下，实现己方利益的最大化。这样处于强势地位者即可占据主导地位，冲突自然化解。

②协作：协作又包括了整合，双方放下执念，与冲突对象交换信息与资源，探讨双方都认可的方式，以达到双赢。

③迁就：在这种模式中，HR 需要说服发生冲突的其中一方放弃自己的利益，以共同的目标为导向，甚至不得不进行退让，从而帮助对方达成目标。

④回避：其中一方无视对方的存在，不关心利益，放弃争执也同时放弃任务。

⑤折中：双方讲和，选择方案中大家都能接受的方式，各退一步，各让一部分利益，以结束冲突。

⑥调解：人力资源管理者以第三方身份，根据事实、利益或法律依据等多种情况，对双方的情况进行分析与撮合，在调解过程中，调解人需提供合理的建议与情绪发泄后的安抚。

⑦仲裁：在调解无效的情况下，由高地位的管理者进行仲裁，使冲突双方达成一致。

2.2.4　处理职场综合征的心理疗法

职场综合征，是指职场工作者因长期工作、生活压力大出现的一些心理反应。如对工作日渐产生了消极情绪，身体也出现一些健康问题等。日积月累，就会导致对工作不上心等问题。

生活节奏不断加快，越来越大的工作和生活压力让很多职场工作者都感到压力巨大，从而产生心理问题。下面首先来看常见的职场综合征有哪些，见表 2-9。

表 2-9　常见的职场综合征介绍

征　状	具体介绍
星期一综合征	经过周末，待周一重新投入工作时难免出现周身酸痛、萎靡不振和工作效率低下等不适应现象。脑力劳动者在大脑松弛后，更难以在短时间内紧张起来。但很多工作又都需要在周一做决定，使人感到巨大的压力
电脑综合征	长时间专注屏幕、保持同样坐姿，会引发头痛、腰痛、颈肩酸痛、眼睛疲劳和精神萎靡不振等问题。轻者看不清荧光屏上的图像文字，重者会有想呕吐的感觉，甚至抽筋、昏厥，危及生命
熬夜综合征	城市夜生活的丰富多彩，吸引了更多人加入夜生活的行列，使一部分人逐渐开始形成了晚睡的习惯，甚至熬夜，睡眠不足者增多。长此以往，会导致人体神经系统、内分泌系统紊乱，继而出现食欲不振、失眠等症状
时间综合征	时间综合征是指人们对时间的反应过于关注而产生的情绪波动、生理变化现象。时下，快节奏的现代生活使都市白领感到时间越来越不够用，对事业的专注使人对紧迫的时间感到焦躁不安、紧张过度，这样会引发心率加快、血压升高、呼吸急促等症状
光源综合征	长时间在过于明亮处办公会造成视神经疲劳，荧光灯发出的强烈光波可导致体内大量细胞遗传变性，扰乱生物钟，造成心理节律失调，精神不振。且因缺乏必要的阳光下的紫外线照射，使缺钙所致的老年性骨折、婴幼儿佝偻病不断增多

续表

征　状	具体介绍
夜餐综合征	夜晚胃肠道对食物消化吸收能力较强，因而夜生活中经常进食过多的高热量食品，容易引起肥胖、失眠、记忆力衰退和晨起不思饮食等症状。还由于夜间睡眠不足，人体生物钟被干扰，神经系统的功能发生紊乱，容易诱发神经衰弱、高血压和溃疡病等

职场综合征在不知不觉中影响着人们的情绪与健康，通过上表可以发现其潜在的危害性较大。要想消灭它，可以从如下几个方面着手，逐步改善，养成良好习惯。

①双休日尽可能过得轻松愉快，但也不要与平时出现过大的反差，更要避免出现双休日反而过度疲劳的状态，导致免疫力下降。一旦出现不适症状，要采取放松的方法。

②注意光线的强度，最好用柔和一点的灯光，显示器的亮度也要降低，利于保护眼睛。

③对于长时间坐在电脑前的人员，每隔 1 ～ 2 小时起来走动一下，活动身体，做一下眼保健操。

④拥有良好和正确的职场价值观，荣辱不惊，压力减少后负面状态自然会减少。

⑤经常进行一些体育锻炼，改善自身身体状况，提高免疫力，这样才能够拥有良好心态。

⑥调整自身的生活节奏，尽量避免在深夜进食或进行剧烈活动，避免增加身体负担。

知识延伸 | 职业倦怠的缓解方法

　　职业倦怠其实是一种职场中常见的情绪耗竭、低落的负面状态，它会使工作满意度降低，导致责任感减轻甚至出现不理性的离职、旷工情况。需要根据人不同的性格找出倦怠的原因，喜欢挑战的给予重任，人际关系紧张地想办法让其融入团队等，以此消除疲怠感，维系职场的稳定。

第3章

企业员工薪酬知识全掌握

薪酬核算对于 HR 来说十分重要，然而薪酬涉及的数据又相对零散，包括员工的工资标准、社保核算、住房公积金核算以及个人所得税代扣代缴等。不仅需要 HR 掌握相应知识，还需要掌握操作方法。

了解工资计算的方法

了解社保和住房公积金

了解个人所得税免征额和起征点

了解个人所得税的超额累进税率

3.1 核算员工工资要了解的内容

HR 工作涉及公司的方方面面，不仅要招聘员工、管理员工，还要负责员工工资的核算。在核算工资之前，HR 首先需要掌握工资的计算方法和相应的核算基数。

3.1.1 了解工资计算的方法

我国公司的员工工资计算方法包括月薪制、年薪制以及日薪制等。其中最常见的是月薪制，其次是年薪制，日薪制相对较少。

（1）月薪制

月薪制是指按职工固定的月标准工资扣除缺勤工资计算其工资的一种方法。但是不同的公司会设置不同的岗位月薪，而岗位月薪一般是一个区间，在这个区间内，每个岗位又分为不同等级的工资标准。

公司采用月薪制时，只要职工出满勤，不论当月有多少天数，都可以得到固定的月标准工资；如果出现缺勤，则应从月标准工资中将缺勤工资予以扣除。

一般来说，月薪制主要以计时工资的形式支付给职工以相应的劳动报酬。HR 在计算员工工资时常用到如下计算公式：

$$应付工资 = 月标准工资 - 缺勤天数 × 日工资$$

如果公司按小时计算缺勤时间，则上述公式变换为以下公式：

$$应付工资 = 月标准工资 - 缺勤小时数 × （日工资 ÷ 每班工作小时数）$$

以上两个计算公式中，月标准工资可以参考职工工资卡片中记录的职工工资数额，只要职工的标准工资不调整，每个月份的金额都是相同的；缺勤天数或小时则可从考勤记录汇总取得。

知识延伸 | 了解计时工资制

　　计时工资制是指按照劳动者的工作时间来计算工资的一种方式。计时工资可分为：周工资制、日工资制和小时工资制。计时工资制是按照职工的技术熟练程度、劳动繁重程度和工作时间的长短来计算和支付工资的一种分配形式。它由两个因素决定：一是工资标准；二是实际工作时间。

　　此外，很多公司（特别是生产型公司）对其生产工人采用计件工资的形式核算员工工资。它是指按照劳动者生产合格产品的数量和预先规定的计件单价来计量和支付劳动报酬的形式。

　　比如，某公司在实行计时工资时，工人的日工资额为 160 元，对应每日的产量为 10 件，而在实行计件工资时，计件单价是按照日工资额除以日产量来确定的，即 $160 \div 10 = 16$（元）。

　　计件工资具体又分为以下几种形式：

　　①直接计件工资：按工人完成合格产品的数量和计件单价来支付工资。

　　②间接计件工资：按工人所服务的计件工人的工作成绩或所服务单位的工作成绩来计算支付工资。

　　③有限计件工资：对实行计件工资的工人，规定其超额工资不得超过本人标准工资总额的一定百分比。

　　④无限计件工资：对实行计件工资的工人，超额工资不加限制。

　　⑤累进计件工资：工人完成定额的部分，按同一计件单价计算工资；超过定额的部分，按累进递增的单价计算工资。

　　⑥计件奖励工资：计件工人生产的产品数量或质量达到某一水平后就给予一定奖励。

　　⑦包工工资：把有一定质量要求、预先规定完成的期限和工资额的产品包给个人或集体，按要求完成后即支付工资。

　　（2）年薪制

　　年薪又称年工资收入，是指以公司会计年度为时间单位计发员工工资的一种方法。该方法主要用于公司经理、高级职员等经营管理人员的收入发放。

年薪制主要由基薪和风险收入这两部分构成，其中，基薪的确定因素包括两部分：一是公司的经济效益；二是公司（资产）经营规模、利税水平、职工人数、当地物价和企业职工的平均水平等。

风险收入以基薪为基础，由公司的经济效益情况、生产经营的责任轻重和风险程度等因素确定。具体的发放方式根据公司的实际情况而定。在我国，年薪制有五种模式，见表3-1。

表 3-1　年薪制的五种模式

模　　式	具体介绍
准公务员型	1. 报酬结构：基薪 + 津贴 + 养老金计划 2. 报酬数量：取决于所管理公司的性质、规模以及高层管理人员的行政级别，一般基薪为职工平均基薪的 2 ～ 4 倍，正常退休后的养老金水平为平均养老金水平的 4 倍以上 3. 考核指标：政策目标是否实现，当年任务是否完成 4. 适用对象：所有达到一定级别的高层管理人员 5. 适用企业：承担政策目标的大型、特大型国有企业
一揽子型	1. 报酬结构：单一固定数量年薪 2. 报酬数量：相对较高，和年度经营目标挂钩，实现经营目标后可得到事先约定好的固定数量的年薪。比如，规定某企业经营者的年薪为 15 万元，但必须实现减亏 500 万元 3. 考核指标：十分明确具体，如减亏额、实现利润、资产利润率、上缴税金和销售收入等 4. 适用对象：具体针对经营者、总经理或兼职董事长 5. 适用企业：面临特殊问题亟待解决的企业，如亏损国有企业
非持股多元化型	1. 报酬结构：基薪 + 津贴 + 风险收入（效益收入和奖金）+ 养老金计划 2. 考核指标：确定基薪时要根据公司的资产规模、销售收入、职工人数等指标；确定风险收入时，要考虑净资产增长率、实现利润增长率、销售收入增长率和职工工资增长率等指标，还要参考行业平均效益水平 3. 适用对象：一般的国有企业的经营者，如总经理或兼职董事长 4. 适用企业：追求企业效益最大化的非股份制企业

续表

模　　式	具体介绍
持股多元化型	1. 报酬结构：基薪＋津贴＋含股权、股票期权等形式的风险收入＋养老金计划 2. 报酬数量：基薪取决于公司经营难度和责任，含股权、股票期权形式的风险收入取决于公司经营业绩和市场价值 3. 考核指标：与非持股多元化型模式的考核指标相同 4. 适用对象：与非持股多元化型模式的适用对象相同 5. 适用企业：股份制企业，尤其是上市公司
分配权型	1. 报酬结构：基薪＋津贴＋以"分配权""分配权"期权形式体现的风险收入＋养老金计划 2. 报酬数量：基薪取决于公司经营难度和责任，以"分配权""分配权"期权形式体现的风险收入取决于公司利润率类的经营业绩 3. 考核指标：与非持股多元化型模式的考核指标相同 4. 适用对象：与非持股多元化型模式的适用对象相同 5. 适用企业：不局限于上市公司和股份制企业，在各类企业中均可实行

（3）日薪制

日薪制是指公司根据生产需要，以日薪作为计酬标准，按照实际工作日每天进行工资支付的一种短期用工形式。一般用以下公式计算员工的工资：

$$应付工资 = 出勤天数 \times 日工资$$

采用日薪制计算职工应付工资时，有利于正确计算生产工人的工资成本。但由于每个月实际工作天数不同，且职工出勤天数也会不同，所以每月计算会增加工作量。

3.1.2　了解当地工资最低标准

最低工资是指国家以一定的立法程序规定的，劳动者在法定工作时间内提供了正常劳动的前提下，其所在企业应支付的最低劳动报酬。

最低工资不包括加班加点工资，中班、夜班、高温、低温、井下和有毒有害等特殊工作环境、条件下的津贴，以及国家法律法规、政策规定的劳动者保险、福利待遇和企业通过贴补伙食、住房等支付给劳动者的非货币性收入等。

最低工资标准一般采取月最低工资标准和小时最低工资标准两种形式，其中，月最低工资标准适用于全日制就业劳动者，小时最低工资标准适用于非全日制就业劳动者。

全国各地区最低工资标准可参考中华人民共和国人力资源和社会保障部网站的数据。

需要注意，同一省份的不同地区或不同区域的最低工资标准可能存在差异，应当以当地实际数据为准。另外，全国各地日最低工资标准也是不同的，公司人力资源在计算员工工资时，可查阅当地日最低工资标准。

3.2　社保、住房公积金和商业保险核算

社保和公积金就是人们常说的"五险一金"，指用人单位给予劳动者的几种保障性待遇的合称。社保和住房公积金的核算会影响员工的实发工资数，因此，HR 很有必要了解。而商业保险通常是作为一种福利，为员工提供相应的保障。

3.2.1　了解社保和住房公积金

前面已经对社会保险和住房公积金做了简单介绍，下面具体介绍两者的主要内容。

（1）社会保险

社会保险是指为丧失劳动能力、暂时失去劳动岗位或因健康原因造成损失的人口提供收入或补偿的一种社会和经济制度。社会保险的主要项目包括养老保险、医疗保险、失业保险、工伤保险和生育保险，因此通常也叫"五险"，见表3-2。

表 3-2　"五险"具体介绍

险　种	具体介绍
养老保险	其全称为社会基本养老保险，养老保险是为解决劳动者在达到国家规定的解除劳动义务的劳动年龄界限，或因年老丧失劳动能力退出劳动岗位后的基本生活而建立的制度。其目的是保障老年人的基本生活需求，为其提供稳定可靠的生活来源
医疗保险	一般指基本医疗保险，是为了补偿劳动者因疾病风险造成的经济损失而建立的一项制度。通过用人单位与员工个人共同缴费，建立医疗保险基金，参保人员患病就诊发生医疗费用后，由医疗保险机构对其给予一定的经济补偿，减轻医疗费用负担，防止患病的社会成员"因病致贫"
失业保险	失业保险是指国家通过立法强制实行的，对因失业而暂时中断生活来源的劳动者提供物质帮助以保障其基本生活的制度。由用人单位、职工个人共同缴费，以及国家财政补贴等渠道筹集资金，建立失业保险基金
工伤保险	工伤保险是指劳动者在工作中或在规定的特殊情况下，遭受意外伤害或患职业病导致暂时或永久丧失劳动能力以及死亡时，劳动者或其遗属从国家和社会获得物质帮助的一种制度。 　工伤保险与受伤员工的补偿既包括医疗、康复所需费用，也包括保障基本生活的费用
生育保险	在怀孕和分娩的妇女劳动者暂时中断劳动时，由国家和社会提供医疗服务、生育津贴和产假的一种制度。我国生育保险待遇主要包括两项：一是生育津贴，二是生育医疗待遇。生育保险的宗旨在于通过向职业妇女提供生育津贴、医疗服务和产假，帮助她们恢复劳动能力，重返工作岗位

（2）住房公积金

住房公积金，是指国家机关和事业单位、国有企业、城镇集体企业、外商投资企业、城镇私营企业及其他城镇企业和事业单位、民办非企业单位、社会团体及其在职职工，对等缴存的长期住房储蓄。

住房公积金对应住房公积金制度，是一种住房保障制度，具有强制性、互助性和保障性，单位和个人必须依法履行缴存住房公积金的义务。职工离休、退休，或完全丧失劳动能力并与单位终止劳动关系，户口迁出或出境定居等，缴存的住房公积金将返还职工个人。

住房公积金的含义，主要有以下五方面。

①住房公积金只在城镇建立，农村不建立住房公积金制度。

②只有在职职工才建立住房公积金制度。无工作的城镇居民、离退休职工不实行住房公积金制度。

③住房公积金由两部分组成，一部分由职工所在单位缴存，另一部分由职工个人缴存。职工个人缴存部分由单位代扣后，连同单位缴存部分一并缴存到住房公积金个人账户内。

④住房公积金缴存的长期性。住房公积金制度一经建立，职工在职期间必须不间断地按规定缴存，除职工离退休或发生《住房公积金管理条例》规定的其他情形外，不得中止和中断。体现了住房公积金的稳定性、统一性、规范性和强制性。

⑤住房公积金具有两个特征：一是不以现金形式发放，并且必须存入住房公积金管理中心在受委托银行开设的专户内，实行专户管理。二是存储期间只能按规定用于购、建、大修自住住房，或交纳房租。

那么，员工的住房公积金具体可以用来做什么呢？主要有如下所示的三个用途。

①买房。这是最主要的用途，缴存公积金的个人在购置房产时，可以根据规定提取账户中已有的公积金，并可将后续存入账户的公积金用于偿还房贷。

②租房。缴存了公积金的租房者可以申请提取公积金用于支付房租，减轻个人生活压力。公积金不仅可以支付公租房的房租，也可以支付市场租赁的房租。

③装修。住房公积金可以供装修房屋使用，可以在当地的住房公积金管理部门咨询具体情况，并提出申请。如果缴存了公积金的人在农村集体土地上建造、翻建和大修自有住房且使用住房贷款的，员工及配偶可以申请提取一部分公积金。

3.2.2 了解社保的计算标准和征集方式

社保必须根据各种风险事故的发生概率，并按照给付标准事先估计的给付支出金额，求出缴存社保的被保险人所承担的一定比率，以此作为厘定保险费率，这就是社保的计算标准。

社保的征集方式通常有如下两种：

（1）比例保险费制

比例保险费制以缴存社保的被保险人的工资收入为准，规定一定的百分率，从而计收保险费。主要目的是补偿被保险人遭遇风险事故期间所丧失的收入，以维持其最低的生活所需。因此，必须要参照被保险人平时赖以为生的收入来确定百分率，一方面作为衡量给付的标准，另一方面作为保费计算的依据。

（2）均等保险费制

均等保险费制指不论被保险人或其雇主的收入是多少，一律计收同等额度的保险费。其优点是计算简便，易于普遍实施。相应地，在这种方式下征收社保时，国家也会在给付时采用均等制。

3.2.3　清楚社保、住房公积金的缴费基数和缴费比例

对于 HR 而言，需要获取社保和住房公积金的具体缴纳金额，因此需要了解对应的缴费基数和缴费比例。

（1）社保缴费基数和缴费比例

社保的计算方式如下，HR 要清楚公司所在地当前的社保缴费基数和缴费比例。

$$缴费金额 = 缴费基数 \times 缴费比例$$

全国各地的社保缴费基数是员工本人的工资数，但其有上、下限的约束，具体与当地的年平均工资数据相关，主要按照当地职工上一年度 1 ～ 12 月的所有工资性收入所得的月平均额来确定上、下限。

社保缴费基数上限：职工工资收入超过上一年度省、市在岗职工月平均工资的 300% 的，无论超过多少，均以当地上一年度职工月平均工资的 300% 为缴费基数。

社保缴费基数下限：职工工资收入低于上一年度省、市在岗职工月平均工资的 60% 的，无论低出多少，均至少以当地上一年度职工月平均工资的 60% 为缴费基数。

下面通过具体的案例进行分析。

| 实例分析 | 社保缴费基数分析

张某所在地上一年度职工月平均工资为 5 000 元，张某某月的工资收入为 2 800 元，其同事黄某的工资为 4 000 元，高层领导赵某的工资为 15 100 元。下面分别分析三人的社保缴费基数。

由于当地上一年度月平均工资为 5 000 元，则社保缴费基数下限为 3 000 元；社保缴费基数上限为 15 000 元。

因此，2 800 元<3 000 元，张某的缴费基数为 3 000 元；3 000 元<4 000 元<15 000 元，黄某的缴费基数为 4 000 元；15 100 元>15 000 元，赵某的缴费基数为 15 000 元。

另外，社保缴费基数每年确定一次，申报和调整的时间通常在 4～7 月，且确定后一年内不再变动。用人单位应根据所在市的社会保险经办机构的通知，在规定时间内申报本单位职工新一年度的社保缴费基数，社会保险经办机构进行核定，通过后公司才能执行社保缴费。

而对于社保的缴费比例，不同社保险种的征缴比例不同，且不同地方的社保缴费比例也会不同。下面来看北京市的社保缴费比例，见表 3-3。

表 3-3 北京市社保缴费比例

保险种类	缴费比例	
	公司	个人
养老保险	16%	8%
医疗保险	10%	2%
生育保险	0.8%	无
失业保险	0.8%	城镇户籍（0.2%） 农村户籍（无）
工伤保险	0.2%～1.9%	无

（2）住房公积金缴费基数和缴存比例

公司员工的住房公积金缴费基数为员工本人上一年度月平均工资数额。并且，住房公积金缴费基数也有上、下限。

住房公积金缴费基数上限：不得高于职工工作当地人社部门公布的上一年度职工月平均工资的 3 倍，超过 3 倍的，缴费基数不再是员工本人上一年度月平均工资数额，而是当地上一年度职工月平均工资的 3 倍对应的数额。

住房公积金缴费基数下限：不得低于职工工作当地的上一年度最低工资标准。低于最低工资标准的，缴费基数不再是员工本人上一年度月平均工资数额，而是当地上一年度职工最低工资数额。

下面通过具体的案例进行分析。

│ 实例分析 │ 住房公积金缴费基数分析

刘某所在地上一年度职工月平均工资为 4 800 元，最低工资标准为 1 460 元，刘某上一年度月均工资收入为 55 00 元，高级设计师罗某上一年度月均工资收入为 14 500 元。下面分别分析两人的住房公积金缴费基数。

由于当地上一年度月平均工资为 4 800 元，则当地住房公积金缴费基数上限为 14 400 元，下限为 1 460 元。

因此，1 460 元＜5 500 元＜14 400 元，刘某的缴费基数为 4 800 元；14 500 元＞14 400 元，罗某的缴费基数为 14 400 元。

而对于住房公积金缴存比例，根据《公积金管理条例》，公司员工的公积金缴存比例在 5%～12%，全国各地的公司根据当地具体规定和自身的发展情况，确定公积金缴存比例。

需要注意的是，住房公积金的公司缴存比例和员工缴存比例是一样的。比如，某公司为员工缴存公积金时使用比例为 8%，则员工个人部分也应按 8% 的比例缴存公积金。

假设公积金缴费基数为 6 000 元，公司向公积金管理中心申报的公积金缴存比例为 8%，那么住房公积金的缴存情况如下。

住房公积金的公司代扣代缴数额 ＝6 000×8%＝480（元）

住房公积金的员工个人缴存数额 =6 000×8%=480（元）

也就是说，该员工当年每月会向公积金账户存入 960 元。

3.2.4　HR 要了解养老保险的四个层次

我国的养老保险通常由四个层次（或部分）组成，分别是基本养老保险、企业补充养老保险、个人储蓄性养老保险和商业养老保险。

（1）基本养老保险

基本养老保险保障离退休人员的基本生活，一般由国家、公司和个人三方共同承担，统一使用、支付。其享受的人数多，且时间较长。在我国，公司为员工购买的社保中的养老保险一般只涉及基本养老保险。

（2）企业补充养老保险

企业补充养老保险由国家宏观调控、公司内部决策执行的保险，又称企业年金，是指由公司根据自身经济承受能力，在参加基本养老保险的基础上，为提高员工的养老保险待遇水平，而自愿为本公司员工缴纳的一种辅助性养老保险。

该保险是一种企业行为，效益好的公司可多投保，效益差甚至亏损的公司可不投保。

（3）个人储蓄性养老保险

员工个人储蓄性养老保险是由员工自愿参加、自愿选择经办机构的一种补充保险形式，其目的在于扩大养老保险的经费来源，多渠道筹集养老保险基金，减轻国家和公司的负担，增强员工的自我保障意识和参与社会保险的主动性。

（4）商业养老保险

商业养老保险是以获得养老金为主要目的的长期人身险，是年金保险的一种特殊形式，又称退休金养老保险，是社会养老保险的补充。

商业性养老保险的被保险人，在交纳了一定的保险费以后，就可以从一定的年龄开始领取养老金。这样，尽管被保险人在退休之后收入下降，但由于有养老金的帮助，仍然能保持退休前的生活水平。

3.3　了解财务处理中的个人所得税

对于很多 HR 而言，只需要统计出公司内部各个员工的工资薪金数额、福利数额和社保以及住房公积金等一切与员工薪酬有关的数据即可，很少有人了解个人所得税相关知识，如征税范围、免征额、税前扣除和超额累进税率。然而这些也都关系到员工的个人利益，因此，需要了解。本节将进行具体介绍。

3.3.1　个人所得税征税内容

个人所得税是调整征税机关与自然人（居民、非居民人）之间在个人所得税的征纳与管理过程中所发生的社会关系的法律规范的总称。我国个人所得税的征税内容主要包括 10 项，见表 3-4。

表 3-4　个人所得税征税内容

项　目	具体介绍
工资、薪金所得	是指个人因任职或受雇而取得的工资、薪金、奖金、年终加薪、劳动分红、津贴、补贴以及与任职或受雇有关的其他所得
劳务报酬所得	是指个人从事设计、装潢、安装、制图、化验、测试、医疗、法律、会计、咨询、讲学、新闻、广播、翻译、审稿、书画、雕刻、影视、录音、录像、演出、表演、广告、展览、技术服务、介绍服务、经纪服务、代办服务以及其他劳务取得的所得
稿酬所得	是指个人因其作品以图书、报纸形式出版、发表而取得的所得。这里所说的"作品"，是指包括中外文字、图片、乐谱等能以图书、报刊方式出版、发表的作品；"个人作品"包括本人的著作、翻译的作品等。个人取得遗作稿酬，应按稿酬所得项目计税

续表

项　目	具体介绍
特许权使用费所得	指个人提供专利权、著作权、商标权、非专利技术以及其他特许权的使用权取得的所得。提供著作权的使用权取得的所得不包括稿酬所得。作者将自己的文字作品手稿原件或复印件公开拍卖（竞价）取得的所得，应按特许权使用费所得项目计税
经营所得	个体工商户的生产、经营所得包括： ①经工商行政管理部门批准开业并领取营业执照的城乡个体工商户，从事工业、手工业、建筑业、交通运输业、商业、饮食业、服务业、修理业及其他行业的生产、经营取得的所得 ②个人经政府有关部门批准，取得营业执照，从事办学、医疗、咨询以及其他有偿服务活动取得的所得 ③其他个人从事个体工商业生产、经营取得的所得，及个人临时从事生产、经营活动取得的所得 ④上述个体工商户和个人取得的生产、经营有关的各项应税所得
	个人承包经营、承租经营以及转包、转租取得的所得，包括个人按月或者按次取得的工资、薪金性质的所得
利息、股息、红利所得	是指个人拥有债权、股权而取得的利息、股息、红利所得。利息是指个人的存款利息、贷款利息和购买各种债券的利息；股息是指股票持有人根据股份制公司章程规定，凭股票定期从股份公司取得的投资利益；红利是指股份公司或企业根据应分配的利润按股份向员工或投资者分配超过股息部分的利润
财产租赁所得	是指个人出租建筑物、土地使用权、机器设备、车船以及其他财产取得的所得。财产包括动产和不动产
财产转让所得	是指个人转让有价证券、股权、建筑物、土地使用权、机器设备、车船以及其他自有财产给他人或单位而取得的所得，包括转让不动产和动产而取得的所得。对个人股票买卖取得的所得暂不征税
偶然所得	指个人取得的所得是非经常性的，属于各种机遇性所得，包括得奖、中奖、中彩以及其他偶然性质的所得（含奖金、实物和有价证券）。个人购买社会福利有奖募捐奖券、中国体育彩票，一次中奖收入不超过 10 000 元的，免征个人所得税，超过 10 000 元的，应以全额按偶然所得项目计税
其他所得	除上述应税项目以外，其他所得应确定征税的，由国务院财政部门确定。包括个人取得部分单位和部门在年终总结、各种庆典、业务往来及其他活动中，为其他单位和部门的有关人员发放的现金、实物或有价证券；辞职风险金；个人为单位或者他人提供担保获得的报酬等

3.3.2　了解个人所得税免征额和起征点

免征额也叫"免税点"，税法规定课税对象中免予征税的数额。无论课税对象的数额大小，免征额的部分都不征税，仅对其余部分征税。

在计算税费时，首先扣除免征额，然后对超过免征额的部分按照规定的税率计算应纳个人所得税税额。

起征点又叫"起税点"，是征税对象达到征税数额后开始征税的界限，征税对象的数额未达到起征点时不征税，一旦达到或超过起征点时，则要就其全部的数额征税。

下面通过具体的案例来对比两者的不同。

│ 实例分析 │ 对比起征点和免征额的差别

某公司3名员工钱某、孙某、李某，其某月的收入分别是4 400元、5 000元和5 200元。已知个人所得税免征额为5 000元，个人所得税税率适用7级超额累进税率，那么，这3人在不考虑其他因素的情况下，应缴纳个人所得税是多少呢？

①钱某收入为4 400元，低于免征额5 000元，因此不需要缴纳个人所得税。

②孙某收入为5 000元，刚好等于免征额5 000元，因此不需要缴纳个人所得税。

③李某收入为5 200元，高于免征额5 000元，需要对高出的200元征收个人所得税，应纳个人所得税=200×3%=6（元）。

如果其他条件不变，已知起征点为5 000元，并假定个人所得税税率也为3%。那么，3人在不考虑其他因素的情况下，应纳个人所得税是多少呢？

①钱某收入为4 400元，没有达到起征点，不缴纳个人所得税。

②孙某收入为5 000元，刚好达到起征点，应缴纳个人所得税，应纳个人所得税=5 000×3%=150（元）

③李某收入为5 200元，超过了起征点，应缴纳个人所得税，且应全额计税，应纳个人所得税=5 200×3%=156（元）

HR 需要注意，我国公司员工计缴个人所得税时使用的是免征额，而不是起征点。

3.3.3 明确哪些项目可以减免个税

个人所得税的减免项目相当于税收优惠，可以使个人获得更多收入。个人所得税减免项目较多，HR 不用全部记住，只需要了解与自身工作相关的项目即可。

"省级人民政府、国务院部委和中国人民解放军以上单位，以及国外组织、国际组织颁发的科学、教育、技术、文化、卫生、体育和环境保护等方面的奖金，免征个人所得税。

乡、镇以上（含乡、镇）人民政府或经县以上（含县）人民政府主管部门批准成立的有机构、有章程的见义勇为基金会或类似组织，奖励见义勇为者的奖金或奖品，经主管税务机关批准，免征个人所得税。

个人持有中华人民共和国财政部发行的债券和经国务院批准发行的金融债券获得的利息，免征个人所得税。

对个人取得的教育储蓄利息所得和财政部门确定的其他专项储蓄存款或储蓄性专项基金存款的利息所得，免征个人所得税。

按照国家或省级地方政府规定的比例缴付的基本养老保险费、医疗保险费、失业保险费和住房公积金存入银行个人账户所取得的利息收入，免征个人所得税。

个人领取原提存的基本养老保险金、基本医疗保险金、失业保险金和住房公积费时，免征个人所得税。

按照国务院规定发给的政府特殊津贴和免税的补贴、津贴，免征个人所得税。

由于某些特定事件或原因给职工或其家庭的正常生活造成一定困难，企业、事业单位、国家机关和社会团体从其根据国家有关规定提留的福利费或工会经费汇总支付给职工的临时性生活困难补助，免征个人所得税。

抚恤金、救济金（指民政部门支付给个人的生活困难补助）、保险公司支付的保险赔款、军人的转业费和复员费等，免征个人所得税。

按照国家统一规定发给干部、职工的安家费、退职费、退休费、离休工资、离休生活补助费等，免征个人所得税。

个人转让上市公司股票取得的所得暂免征收个人所得税。

个人购买社会福利有奖募捐奖券、体育彩票，凡一次中奖收入不超过一万元的，暂免征收个人所得税。

个人举报、协查各种违法、犯罪行为而获得的奖金，个人办理代扣代缴税款手续并按规定取得的扣缴手续费，个人转让自用达 5 年以上且是唯一的家庭生活用房取得的所得，达到离休、退休年龄却因工作需要而适当延长离休、退休年龄的高级专家在离休退休期间的工资、薪金所得等，免征个人所得税。

残疾、孤寡人员和列属的所得以及其他经国务院财政部门批准减免的项目，可以减征个人所得税，减征幅度和期间由各省、自治区和直辖市人民政府决定。

从职务科技成果转化收入中给予科技人员的现金奖励，可减按 50% 计入科技人员的当月工资、薪金所得，再缴纳个人所得税。

个人出租财产取得的财产租赁收入，可在计缴个人所得税前，依次扣除财产租赁过程中的税费、由纳税人负担的该出租财产实际开支的修缮费用以及税法规定的费用扣除标准等费用。"

3.3.4　了解个人所得税的超额累进税率

超额累进税率是把征税对象的数额划分为若干等级，对每个等级部分的数额分别规定相应税率，分别计算税额，各级税额之和为应纳税额。超额累进税率的"超"字，是指征税对象数额超过某一等级时，仅就超过部分，按高一级税率计算征税。

2018 年 8 月 31 日，第十三届全国人民代表大会常务委员会第五次会议通过《关于修改〈中华人民共和国个人所得税法〉的决定》，将个税免征额由 3 500 元提高到 5 000 元。2019 年 1 月 1 日实施。

表 3-5 为个人所得税法修正案第十六条的个人所得税税率表一（综合所得适用）。

表 3-5　个人所得税税率表一（综合所得适用）

级 数	全年应纳税所得额	税 率（%）	速算扣除数（元）
1	不超过 36 000 元的	3	0
2	超过 36 000 元至 144 000 元的部分	10	2 520
3	超过 144 000 元至 300 000 元的部分	20	16 920
4	超过 300 000 元至 420 000 元的部分	25	31 920
5	超过 420 000 元至 660 000 元的部分	30	52 920
6	超过 660 000 元至 960 000 元的部分	35	85 920
7	超过 960 000 元的部分	45	181 920

该表中的全年应纳税所得额是指按照个人所得税法修正案的第六条的规定，居民个人取得综合所得以每一纳税年度收入额减除费用 6 万元以及专项扣除、专项附加扣除和依法确定的其他扣除后的余额。

表 3-5 是全年应纳税所得额、税率以及速算扣除数，HR 在实际工作中通常需要按月计算员工工资和应纳税款，因此该表并不适用。此时，可以通过换算将其转换为月度税率表，见表 3-6。

表 3-6　个人所得税税率表（工资薪金所得适用）

级 数	全月应纳税所得额	税 率（%）	速算扣除数（元）
1	不超过 3 000 元的	3	0
2	超过 3 000 元至 12 000 元的部分	10	210
3	超过 12 000 元至 25 000 元的部分	20	1 410
4	超过 25 000 元至 35 000 元的部分	25	2 660
5	超过 35 000 元至 55 000 元的部分	30	4 410
6	超过 55 000 元至 80 000 元的部分	35	7 160
7	超过 80 000 元的部分	45	15 160

> 💡 **知识延伸** │ 了解速算扣除数
>
>   速算扣除数是为了解决超额累进税率分级计算税额的复杂技术问题而预先计算出的一个数据。超额累进税率的计税特点是把全部应税金额分成若干等级部分，每个等级部分分别按相应的税率计征，税额计算比较复杂。而简便的计算方法是先将全部应税金额按其适用的最高税率计税，然后再减去该税率等级对应的速算扣除数，其余额与按超额累进税率计算的税额相等。

下面通过具体案例来看通过个人所得税超额累进税率计算个人应缴纳个人所得税的两种方法。

│ 实例分析 │ 个人所得税税率的应用

某平面设计公司的初级设计师周某和高级设计师吴某的工资在扣除应当扣除的费用（不包括免征额）后，得到的应发工资分别为8 500元和31 000元，需要计算两人应缴纳的个人所得税。

周某应纳税所得额=8 500−5 000=3 500（元），对应表3-6可知，属于2级税率，其中3 000元对应1级税率3%；500元对应2级税率10%。

吴某应纳税所得额=31 000−5 000=26 000（元），对应表3-6可知，属于4级税率，其中3 000元对应1级税率3%；9 000元对应2级税率10%；13 000元对应3级税率20%；1 000元对应4级税率25%。

方法一——累计计算：

周某应缴个税=3 000×3%+500×10%=140（元）

吴某应缴个税=3 000×3%+9 000×10%+13 000×20%+1 000×25%
　　　　　　=3 840（元）

方法二——使用速算扣除数计算：

周某应缴个税=3 500×10%−210=140（元）

吴某应缴个税=26 000×25%−2 660=3 840（元）

通过案例可以发现，两种方法都可以进行个人所得税计算，相信 HR 对个人所得税超额累进税率有了更深的了解。

3.3.5 个人所得税代扣代缴

个人所得税的代扣代缴是指按照税法规定，负有扣缴税款义务的单位和个人，负责对纳税人应纳的税款进行代扣代缴的一种方式。

通常，个人所得税的代扣代缴就是公司在向员工支付工资时，从所支付的工资中依法直接扣收税款代为缴纳。

在个人所得税代扣代缴事务中，员工（所得人）为纳税义务人，支付工资的单位或个人为扣缴义务人。

为了正确记录、反映个人所得税的代扣代缴情况，支付工资、薪金所得的公司在代扣代缴个人所得税时，应通过"应交税费——应交个人所得税"科目核算。在支付工资、薪金所得的同时代扣个人所得税，借记"应付职工薪酬"科目，贷记"库存现金"或"银行存款"和"应交税费——应交个人所得税"等科目；实际代缴个人所得税时，借记"应交税费——应交个人所得税"科目，贷记"银行存款"科目。

下面通过具体的案例进行讲解。

| 实例分析 | 代扣代缴个税税务处理

某软件开发公司的财务工作人员郑某，当月领取上月工资，已知其上月工资汇总结果为5 640元，且郑某的工资没有涉及其他扣除费用项目，相关计算和税务处理如下。

郑某工资应纳税所得额=5 640-5 000=640（元）

郑某应缴纳个人所得税税额=640×3%=19.2（元）

①公司财会人员在上月末计提应发工资（含税）。

借：管理费用　　　　　　　　　　　　　　5 640

　　贷：应付职工薪酬　　　　　　　　　　　　5 640

②支付工资并代扣个人所得税。

借：应付职工薪酬　　　　　　　　　　　　5 640

　　贷：银行存款　　　　　　　　　　　　　5 620.80

　　　　应交税费——应交个人所得税　　　　　19.20

③公司代缴个人所得税。

借：应交税费——应交个人所得税　　　　　　　19.20

　　贷：银行存款　　　　　　　　　　　　　　　　19.20

第4章

人力资源成本控制管理要点

对于成本，许多人可能认为就是物、料、消耗品……而忽略了人力成本。对有的公司来说，人力成本占公司的总成本的比重较大，因此就需要了解如何控制企业的人力资源成本，减少不必要的开支。

认清人力资源成本组成部分

实施高效招聘活动

控制员工培训和学习成本

控制生产过程和人工成本

4.1　了解人力资源成本预算

为了更好地控制企业的经营成本，通常每年初财务部门都会对公司的所有成本和费用进行预算，其中包含了人力资源成本。通常人力资源成本预算由人力资源部进行编制，因此 HR 要了解人力资源成本预算的相关知识。

4.1.1　认清人力资源成本组成部分

人力资源成本是企业构建和实施人力资源管理体系过程中的所有资源投入。对于人力资源管理而言，"人"就是一种资源，通过培训等手段使其具备相应的能力和经验，从而带给企业预期的回报和效益。人力资源成本按照其管理过程由六部分组成，如图 4-1 所示。

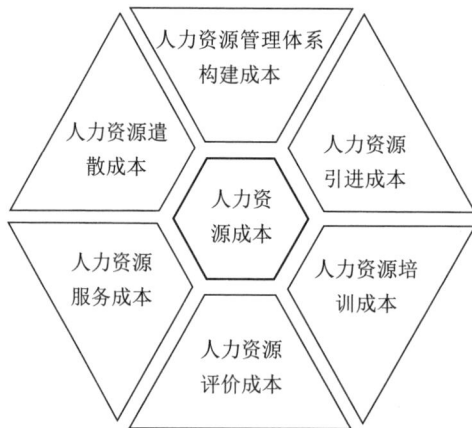

图 4-1　人力资源成本的组成部分

下面分别介绍人力资源成本的各组成部分。

（1）人力资源管理体系构建成本

人力资源管理体系构建成本是指企业设计、规划和改善人力资源管理体系所消耗的资源总和，包括设计和规划人员的工资、对外咨询费、资料费、培训费和差旅费等。

（2）人力资源引进成本

人力资源引进成本是指企业从外部获得人力资源管理体系要求的人力资源所消耗的资源总和，包括人员的招聘费用、选拔费用、录用及安置费，具体见表 4-1。

表 4-1　人力资源引进成本具体项目

项　　目	具体介绍
招聘费用	是企业为了吸引和确定其所需要的内外人力资源而发生的费用，主要包括广告费、设摊费、面试费、资料费和中介费等
选拔费用	由对应聘者进行人员测评与选拔，以做出决定录用与否时所支付的费用构成。主要在以下环节产生费用，包括面谈、测试和体检等环节
录用费用	指在经过各种测评考核后，将符合要求的合格人选录用到企业时所发生的费用，包括录取手续费、调动补偿费、搬迁费和旅途补助费等由录用引起的有关费用
安置费用	为安排新员工到具体的工作岗位所发生的费用，主要包括安置成本，如安排新员工的工作必须花费的各种行政管理费用、为新员工提供工作所需要的装备条件以及欢迎新员入职的相关费用等

（3）人力资源培训成本

人力资源培训成本是指企业对员工进行培训所消耗的资源总和，以达到人力资源管理体系所要求的标准（如工作岗位要求、工作技能要求），包括员工上岗教育费用、岗位培训及脱产学习费用等。

（4）人力资源评价成本

人力资源评价成本指企业根据人力资源管理体系要求对所使用的人力资源进行考核和评估所消耗的资源总和，包括负责考核和评估的人员工资、对外咨询费、其他考核和评估费用等。

（5）人力资源服务成本

人力资源服务成本也称人力资源保障成本，指公司根据人力资源管理体系要求对所使用的人力资源提供后勤和保障服务所消耗的资源总和，包括交通费、办证费、文具费和其他保险费（一般指社保）等。

（6）人力资源遣散成本

人力资源遣散成本指企业根据人力资源管理体系要求对不合格的人力资源进行遣散所消耗的资源总和，包括遣散费或离职补偿成本、诉讼费、遣散造成的损失费以及管理人员因处理离职员工有关事项而发生的管理费用等。

4.1.2　人力资源成本预算的内容和流程

人力资源成本预算不是针对某一个人，而是针对企业人力资源相关的所有内容。因此，HR 要想合理、全面地进行人力资源成本预算，首先需要了解人力资源成本预算的内容和流程。

（1）人力资源成本的预算内容

企业的人力资源成本预算要保证准确性，因此预算内容要全面，涵盖人力资源相关的所有内容，如下所述。

①公司所有员工的工资费用。

②公司所有员工的、与工资相关的、按照国家社会保障体系所要求的各种基金和保险费用，如基本养老保险、医疗保险、失业保险、工伤保险、生育保险和住房公积金等。

③人力资源部门作为从事专业人力资源管理的职能部门在一年工作中涉及的招聘费用、对薪酬市场的调查费用、对员工知识技能的测评费用、员工的培训费用、劳动合同的认证费用、劳动纠纷的法律咨询费用以及办公费用、通信费用、差旅费用和办公设施费用等。

（2）人力资源成本的预算流程

人力资源进行的人力资源成本预算除了准确性外，还要确保合理性和可比性，因此需要按照一定的流程行事，如图 4-2 所示为人力资源成本核算的一般流程。

成立预算编制小组	预算编制小组应由公司高管、人力资源总监、人力资源部成员和各个部门的综合管理员构成。高管负责小组的整体领导和决策工作；人力资源总监对预算编制的具体工作给予指导和说明；人力资源部成员负责预算的具体起草工作；各部门综合管理员负责提供本部门的人力资源预算。
制订预算编制时间计划	预算编制小组经过调研论证，确定预算编制时间计划，包括预算启动时间、人力资源成本与费用预算时间、预算编制配套方案的制订时间、预算审核时间和预算确认时间。
送发预算编制模板	为了保证预算编制的统一性，预算编制模板由人力资源部制订。在预算启动时，将预算编制模板送发到各部门，各部门根据模板要求填写相应内容。
汇总预算编制内容	各部门在规定时间内将本部门的预算表提交到人力资源部进行汇总编制，制订出公司总体人力资源预算草案。人力资源部在制定总体预算前，应核实各部门的预算是否真实准确，可采取调研、抽查等方式。
审核预算内容	公司人力资源预算草案制定完成后，提交给各部门确认，各部门在规定时间内将反馈意见提交给人力资源部，便于及时修改完善。一般这种确认——反馈——完善过程要进行 2～3 次才能最终确定预算方案。
提交确认预算方案	完成与各部门的沟通确认后，将预算方案提交给公司总经理审批、确认，并形成文件发送到各部门执行。

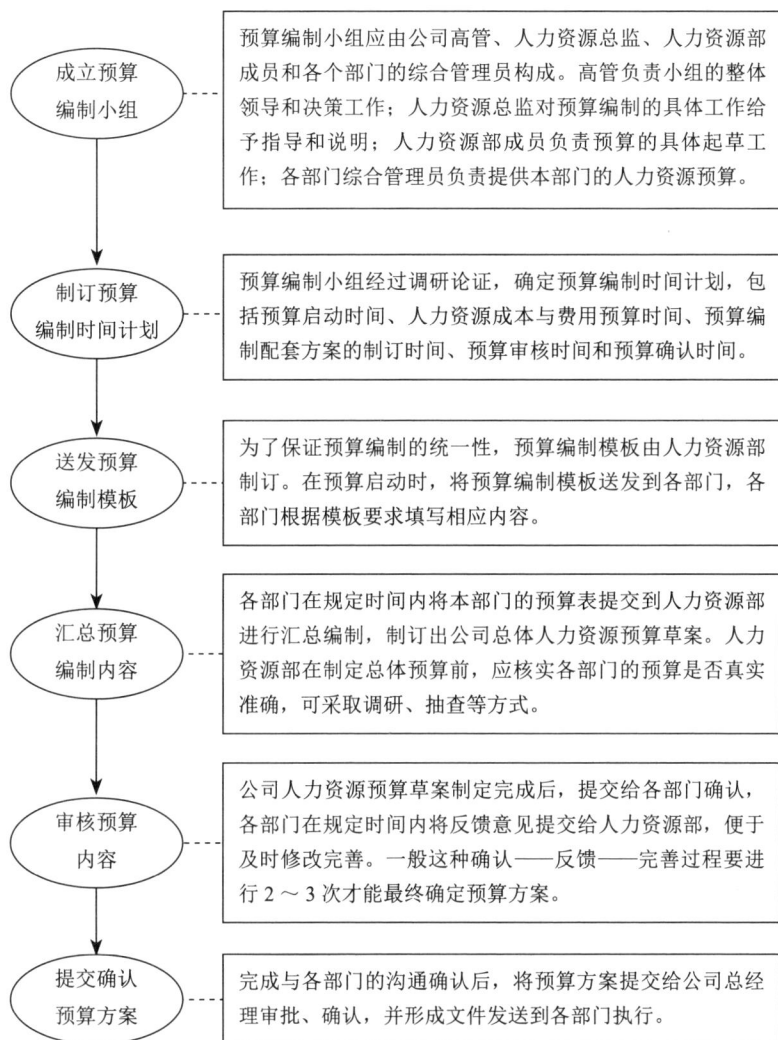

图 4-2 人力资源成本核算的一般流程

4.2 招聘环节控制人力资源成本

人才招聘成本是人力资源成本的重要组成部分，人才招聘是人力资源工作的重要环节。在引进人才的过程中会产生人力资源引进成本，因此控制人力资源引进成本能够起到控制人力资源成本的作用。

4.2.1　实施高效招聘活动

HR 要知道招聘工作是企业补充人才的基本途径，能够为企业创造较大价值。招聘不仅需要投入时间成本，还需要投入资金成本，因此需要引起重视，提升招聘活动的有效性。

那么什么样的招聘活动才算是高效呢？下面首先来看招聘活动成效的衡量标准。

①看是否能及时招聘到公司所需要的人才。

②看是否能以最少的投入招聘到数量、质量都达标的人才。

③看所录用的人员是否与预想一致，是否适合公司发展，是否符合岗位的要求。

④看不稳定期（一般是员工进公司后的 6 个月）内的离职率。

从这些衡量标准可以看到高效的招聘活动并不简单，人力资源要实施高效的招聘活动，需要做到以下几点：

（1）做好人力资源规划

人力资源规划是各项具体人力资源管理活动的起点和依据，总领所有人力资源活动，影响着人力资源管理工作。

在进行人力资源规划时，需要做的事情包括人力资源战略发展规划、公司人事规划、人力资源管理费用预算、人力资源管理制度建设、人力资源开发规划以及人力资源系统调整发展规划。也就是说，做好人力资源规划就是要制订人员配备计划、人员补充计划和人员晋升计划。

（2）明确招聘的目标

招聘目标不明确可能导致培训成本增加，甚至会影响某些工作的分配和执行。在制度不完善的中小型公司的招聘工作中更容易出现这样的情况，因为这些公司可能存在职位定位不准确、描述不清楚的问题。

因此，HR 在开展招聘工作前应当与用人部门进行有效沟通，引导他们准确描述出职位职责和能力素质要求。在进行招聘活动时，也要与用人部门保持联系，以确保招聘结果不偏离招聘需求，从而提高招聘效率和成功率。

（3）选择合适的招聘渠道

大多数公司常用的招聘渠道有网络招聘、现场招聘、员工推荐、内部招聘和人才介绍机构等，这部分内容在本书第一章中有过介绍，这里不再赘述。

招聘渠道的选择直接影响人力资源对人力资源成本的预算结果，因此，要想控制招聘环节的人力资源成本，还要为公司的招聘活动选择合适、合理的渠道。

（4）提升招聘人员的综合素质

招聘活动中与应聘者直接对话的是招聘人员，招聘人员通常代表企业。因此，要想使招聘活动更高效，就要提升招聘人员的综合素质，让应聘者看到公司的能力，进而信任公司并愿意入职。招聘者的素质可以从表4-2所示的几方面进行完善。

表4-2　招聘者素质要求

素　　质	具体介绍
外在素质	合格的招聘人员应做到着装职业整洁、行为得体、言语礼貌，尊重每一位应聘者。公司在选择招聘人员时，要选择面容和蔼、性格温和的人
内在素质	招聘人员需要有专业的职业心态，不将个人情绪带入工作中，以积极主动、不卑不亢的态度对待应聘者，以此提升综合素质
专业素质	作为招聘人员，要努力充实自己的专业知识，掌握更多的职业技能和高效招聘的方法，同时还要培养强大的人际交往能力和协作沟通能力，才能够游刃有余地深入公司各个部门了解业务的开展情况及岗位的信息与动态，及时与用人部门沟通，协助他们做好招聘选拔工作

4.2.2   寻找合适的员工

招聘活动能够高效完成固然很好，但是如果无法为企业招聘到合适、对口的人才，也会给后续工作带来麻烦。

也就是说，招聘不仅要求速度，还要重质量。高质量的人才会使企业在后续培养的过程中更轻松，能够快速为企业创造效益，服务更长时间。

相反，如果招聘到的人才与所需岗位差距较大，那么企业就需要花费大量时间和资金进行培养，员工如果觉得工作不合适，还可能离职，那么企业将会遭受重大损失。

而要为公司找对人才，节省招聘成本，就要熟悉各个岗位的职责要求。这就需要向相应的人才缺口部门了解。下面通过具体的案例来看如何招聘合适的员工。

┃实例分析┃明确岗位职责快速完成招聘工作

某公司主要从事服装生产销售，发展前景良好。由于业务不断发展，销售部门和行政部门提出了人才需要，人力资源部接收到相关信息后开始准备招聘工作。

负责招聘工作的HR为了能够快速完成工作，招聘到合适的人才，于是分别向销售部总监和行政部总监了解需要招聘岗位的工作职责，方便据此开展招聘工作。将两个部门所需人才的工作职责汇总，得到表4-3。

表4-3　岗位工作职责

岗　　位	岗位职责
销售人员	1. 负责公司产品的市场渠道开拓与销售工作，执行并完成公司产品年度销售计划 2. 全面掌握市场的变化和竞争对手的情况，了解客源市场布置的流量，注意市场结构的变化，同时根据公司市场营销战略，扩大产品在所负责区域的销售，积极完成销售量指标，扩大产品市场占有率 3. 与客户保持良好沟通，实时把握客户需求，管理好自己的客户 4. 根据公司策略，独立处置询盘、报价、合同条款的协商及合同签订等事宜，并在执行合同过程中协调和监督公司各职能部门的操作

续表

岗　　位	岗位职责
一般的行政人员岗位	1. 协助行政经理完成公司行政事务性工作和部门内部的日常事务工作 2. 协助上级制定行政、总务及安全管理工作发展规划和计划 3. 协助审核、修订行政管理规章制度，进行日常行政工作的组织与管理 4. 协助高级管理人员进行财产、内务、安全管理，为其他部门提供及时有效的行政服务

　　该HR根据目标岗位的岗位职责，有针对性地开展招聘工作，很快就完成了招聘任务，受到两个部门领导的一致好评。

　　此外，很多企业为了招聘工作的简便化，还会事先制作企业内部各岗位的岗位说明书。岗位说明书没有具体格式，但一般都应说明岗位所执行的工作、职务的目的和范围、具体做什么工作以及如何工作等内容。岗位说明书具体内容如下。

　　职务级别：即职务头衔、职务所在的部门、职务分析者及其向谁报告、最近修改职务说明书的时间和编号等内容。

　　功能部分：包括描述职务应完成的工作、任务和承担的责任，说明工作本身的特性和开展工作的环境特性等内容。

　　职务说明：这部分反映职位所需的技能、经验学历要求等，通常是描述从事某职务的员工应具备的经验、教育和培训等条件及特殊的知识、能力与技能等。

　　下面来看某企业行政专员的岗位说明书，见表4-4。

表4-4　行政专员岗位说明书

职位名称	行政专员	所属部门	行政部
直接上级	行政总监	直接下级	
任职资格	1. 学历、专业知识：大学本科以上，具有中文、行政管理、企业管理等相关专业知识		
	2. 工作经验：一年以上相关工作经验		

续表

职位名称		行政专员	所属部门		行政部
直接上级		行政总监	直接下级		
职责一	职责表述：日常行政办公事务处理				
	工作任务	1. 对企业的行政管理工作进行检查和监督			
		2. 前台接待管理			
		3. 公文、信件处理管理，印鉴管理			
		4. 负责各部门问题的协调、沟通			
		5. 处理其他日常行政事务，如客户接待			
	考核重点：检查执行情况，员工、领导满意度				
职责二	职责表述：财产物资管理				
	工作任务	1. 根据各部门提供所需行政财产物资的申请表，统一协调、购买			
		2. 对企业行政财产物资进行登记、造册，定期进行盘点			
		3. 负责行政财产物资的维修和保养			
	考核重点：行政性固定资产的完好率和使用率，行政财产物资的保管使用状况				
职责三	职责表述：行政费用控制管理				
	工作任务	1. 按照企业年度费用预算，严格控制各项行政费用支出及确认费用分摊范围			
		2. 按月分摊各项费用，如话费、办公用品、房租			
	考核重点：行政费用控制效果				
职责四	职责表述：业务统计管理				
	工作任务	1. 接听客户电话，登记、整理相关信息，及时反馈给相关部门进行处理			
		2. 编制客户信息报告，统计客户情况并分类汇总			
		3. 及时将客户反映的问题反馈给相关部门			
	考核重点：领导满意度				

在第1章中介绍过外部招聘并不是唯一的引进人才的方法，还可以通过内部选拔的方式为企业挑选合适的人才进行培养，这样选拔的人才更容易与岗位契合。

4.3　人力资源分配和使用环节成本控制

对于企业而言，人力资源是重中之重。只有合理使用人力资源，才能够为企业创造更大的效益。无论是新招聘的员工还是现有的员工，都要合理安排其工作，在这一过程中同样能够实现成本控制。

4.3.1　控制员工培训和学习成本

员工培训在企业中是十分常见的，新员工入职需要培训、现有制度改革需要培训、生产技术革新需要培训……很多企业只顾开展培训，却不知应当如何控制培训的成本。

员工培训与学习成本是指公司在对员工进行培训教学的过程中所支出的各项费用，如购买学习资料的费用、聘请讲师的费用和引进新技术和新工艺的费用。

要控制这些成本，就要在培训之前做好预算工作，在培训过程中对所消耗的各项费用进行预算、监督、调节和限制，避免出现不必要的浪费，增加成本。

需要注意，成本控制应当合理，避免出现本末倒置的情况，即培训的目的是提升员工的能力，而不是为了省钱。所以，要在降低成本的同时，保证培训工作的质量。那么，主要有哪些有效措施来控制员工培训和学习成本呢？如图4-3所示。

完善培训工作制度

培训工作混乱，其效果也难以令人满意。培训活动有条不紊地进行，也能起到节省费用的作用，因此可以为培训工作建立一套完整的制度，规范培训工作的组织与管理。

制订合理培训计划

不同时期员工需要的培训不同，主要分为业务与技术培训、软技能培训。制订合理的培训计划，就是明确当前阶段员工需要哪种培训，避免培训无效果的浪费现象出现。

安排恰当培训内容

通常，培训工作的目的是引导员工注意新知识、新技术，所有的培训内容要跟上新的社会发展趋势。但同时，培训内容要适应员工的真实需求，真正做到"培训有效果"，从而提高培训工作的效益。

严控培训人员和场地

每次培训，公司需要严格筛选参加培训的员工，避免无关人员混入，增加公司隐形的人力资源成本。培训场地的大小要根据参加培训的人数而定，不能太小，也不能过大。

优化员工培训方式

公司可建立内部兼职教师团队，生成内训资源；同时也要购买一些专业的外训资源，内训、外训结合，优化培训方式，实现资源合理配置。另外，管理者要对每一次培训结果进行评估，确定培训计划的调整或修改，为下一次培训活动提前做好规划。

推行现代化培训

教材无疑是公司培训活动中的一项大开支，此时利用现代化技术进行无纸化培训，可大大降低培训成本，如 PPT、电子书等。

图 4-3　控制员工培训和学习成本的措施

4.3.2　适当设置绩效工资，调动员工积极性

员工的基本工资通常是用人单位依据法律规定、行业规定或根据与员工之间的约定，通过计算确定的，是职工薪酬的主要部分。而仅有基本工资通

常是不够的，要想员工能够更加积极努力地工作，很多公司都会为不同的岗位设置相应的绩效工资。

绩效工资是以对员工绩效的有效考核为基础，实现将工资与考核结果挂钩的工资制度，它的理论基础就是"以绩取酬"。在以较高报酬激励员工积极工作的同时，也能使公司的目标尽快达成，降低实现目的用时过长的隐形成本。

首先通过绩效工资传达企业绩效预期的信息，刺激企业中所有员工来达到它的目的；从而使企业更关注结果或独具特色的文化与价值观；促进高绩效员工获得高期望薪酬。

绩效工资虽然能够激励员工提高个人绩效，使公司获得更好的发展，但是，绩效工资同样具有一些无法消除的缺点，这也在一定程度上表明公司不能完全以绩效为导向。

绩效工资正面鼓励了员工之间的竞争，会在一定程度上破坏员工之间的信任和团队意识，员工之间会封锁消息、保守经验，甚至可能会争夺客户，破坏公司形象，最终得不偿失。所以，对于一定要通过团队合作才能有良好产出的公司，不适合以绩效作为公司员工管理导向。

在员工追求绩效的过程中，可能出现员工绩效与公司的利益不一致的情况，即个人绩效提高但公司绩效反而降低，这种情况下绩效工资的存在意义不大。

员工为了提高自己的绩效工资，可能会发生损害客户利益的事情，给公司带来负面影响，影响公司声誉。这样的绩效工资制度显然不可取。

HR 了解绩效工资的基本内容后，要结合公司实际情况，明确如何协助公司设置合理的绩效工资，达到有效控制人力资源成本的目的。具体可从如图 4-4 所示的三方面入手。

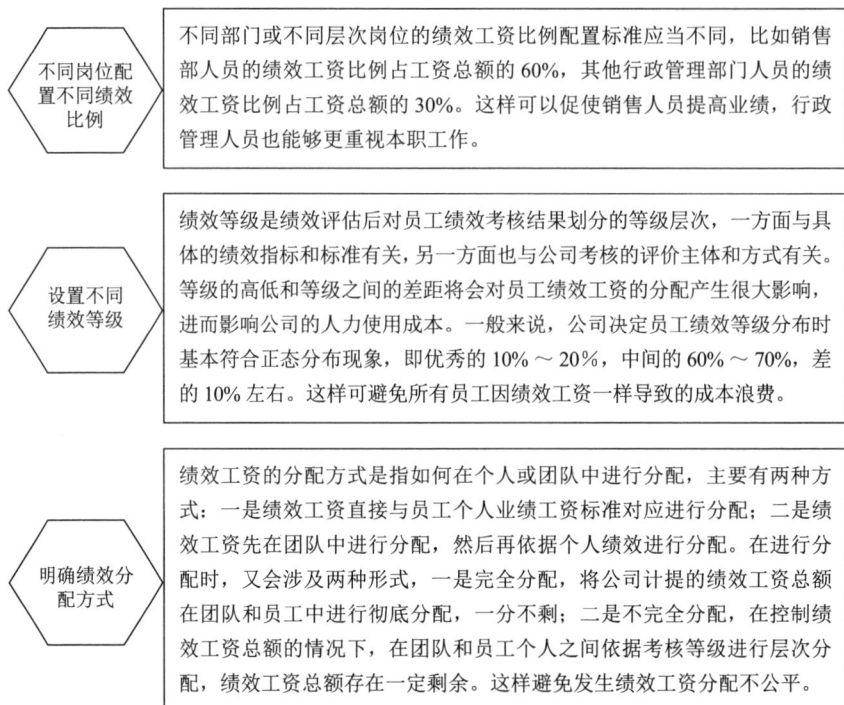

不同岗位配置不同绩效比例

不同部门或不同层次岗位的绩效工资比例配置标准应当不同，比如销售部人员的绩效工资比例占工资总额的 60%，其他行政管理部门人员的绩效工资比例占工资总额的 30%。这样可以促使销售人员提高业绩，行政管理人员也能够更重视本职工作。

设置不同绩效等级

绩效等级是绩效评估后对员工绩效考核结果划分的等级层次，一方面与具体的绩效指标和标准有关，另一方面也与公司考核的评价主体和方式有关。等级的高低和等级之间的差距将会对员工绩效工资的分配产生很大影响，进而影响公司的人力使用成本。一般来说，公司决定员工绩效等级分布时基本符合正态分布现象，即优秀的 10%～20%，中间的 60%～70%，差的 10% 左右。这样可避免所有员工因绩效工资一样导致的成本浪费。

明确绩效分配方式

绩效工资的分配方式是指如何在个人或团队中进行分配，主要有两种方式：一是绩效工资直接与员工个人业绩工资标准对应进行分配；二是绩效工资先在团队中进行分配，然后再依据个人绩效进行分配。在进行分配时，又会涉及两种形式，一是完全分配，将公司计提的绩效工资总额在团队和员工中进行彻底分配，一分不剩；二是不完全分配，在控制绩效工资总额的情况下，在团队和员工个人之间依据考核等级进行层次分配，绩效工资总额存在一定剩余。这样避免发生绩效工资分配不公平。

图 4-4　设置合理的绩效工资需要做的事

绩效工资不是万能的，因此在决定是否实施绩效工资时需要进行充分分析，当前制度是否确实需要改变？绩效工资是否能够促进企业发展？绩效工资与企业的宗旨是否相符？

在充分考虑以上问题后，确实需要实行绩效工资制度，再考虑实施。否则，盲目实施不仅会打乱企业现有的工作步调，还有可能出现制度与企业现状不相符的情况，从而引发内部混乱或是员工不满。

4.3.3　控制生产过程和人工成本

生产成本是指开展生产活动发生的成本，即企业为生产产品而发生的成本，也就是说生产成本是生产单位为生产产品或提供劳务而发生的各项生产费用，包括各项直接支出和制造费用，如图 4-5 所示。

直接支出　　　　　直接支出包括直接材料（原材料、辅助材料、备品备件、燃料及动力等）、直接工资（生产人员的工资、补贴）和其他直接支出（如福利费）。

制造费用是指企业内的分厂、车间为组织和管理生产活动发生的各项费用，包括分厂、车间管理人员工资、折旧费及其他制造费用（办公费、差旅费、劳保费等）。　　　　　制造费用

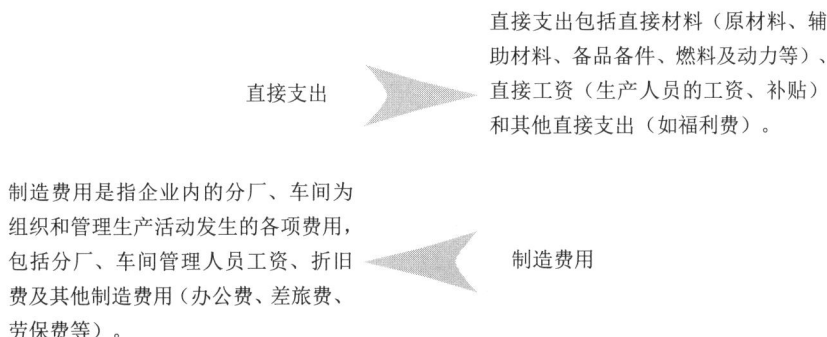

图4-5　生产成本的构成

在直接支出中，通常直接材料支出是固定的，而直接工资是主要部分，占生产成本的大部分，主要是生产过程中的人力资源成本；另一部分则是员工的福利费用，都属于人工费用。另外，制造费用中的车间管理人员的工资也属于生产成本中的人工费用。

由此可见，控制生产成本中的人工费用是控制公司人力资源使用成本的一项重要工作内容。其中，减少单位产品中的员工工资比重，对降低成本有重要作用。

相同的条件下，要想控制生产成本中的人工费用就需要想办法提高员工的生产效率，需要充分分析劳动定额、工时消耗、工时利用率、工作效率和工人出勤率等因素。具体控制生产成本中的人工费用的方法有两点。

（1）加强监督控制

要加强对以上因素的监督和控制，在日常生产过程中，负责生产调度的员工要实时监督生产场所内的生产计划是否合理，确定合理的生产方案，避免出现员工无所事事、停工和断料等情况，导致减产，造成不必要的人力资源浪费。

（2）提升员工生产效率

加强生产监督和控制固然可以减少生产过程中的人力资源成本浪费情

况，但是对企业的生产效率提升较少，不够明显。公司还可对生产工人进行技术培训，提高其工作效率，同时提高产品、服务的质量，减少浪费，进而提高生产效益，变相降低人工费用。具体措施见表 4-5。

表 4-5   提高生产效率的方法

方　　法	具体介绍
避免人员冗余	可以通过培训让员工在熟练掌握自身工作岗位技能的基础上，掌握其他几种岗位技能。例如企业的电工能够掌握相应的机械维修技能和设备检修技能，避免一人一岗，过于冗余。这样就可以减少一些不必要的岗位，减少人工成本投入，同时也降低了管理成本，而且还使员工逐步发展成为一专多能的人才，提高了用工灵活度
鼓励兼岗兼职	在员工离职时，都要考虑是否可以让其他同事来分担离职员工的工作，尽量做到不影响工作进度。因此，会要求员工可以兼岗兼职，这样防止员工离职后无法及时补充空缺的问题出现。兼岗兼职对公司来说可以减少人工费用，对员工来说可以得到一些薪酬上的增加，两全其美。方法有两种，一是重新划分岗位，对原有岗位进行合并或删减；二是增加兼职岗位的工资系数，鼓励员工兼职
适当劳务外包	公司可将非关键性的生产任务外包给其他生产公司，这样公司虽然也会支付一定的外包服务费，相当于支付生产工人工资，但此时不需要支付生产工人的福利费，可压缩福利性成本

4.4   在员工流失方面控制人力资源成本

员工离职不可避免会给企业带来一定的影响，直观展示出的影响就是该岗位工作无法继续开展，会造成一定损失。此外，HR 还要注意员工离职导致的隐性问题，如新员工适应工作岗位的时间成本、员工离职影响其他同事工作情绪导致工作效率降低等。

4.4.1   避免员工离职给企业带来影响

员工离职必然会造成公司人力资源成本流失，因此要控制人力资源成本，应当从根源入手，避免员工离职，从而避免给公司带来不良影响和成本问题。

对于人力资源管理而言，人力资源流动并非没有好处。合理、有序的人员流动，能够增加员工与岗位的匹配度，避免公司内部管理模式僵化，且适时的人员流动能够保障企业活力。但是员工频繁离职必然会给企业带来不良影响，不利于公司稳定。

HR 如果发现公司存在大量员工离职的情况就需要引起注意，应当采用积极措施降低员工离职率，从而降低成本开支。

（1）弄清员工离职原因

要想解决问题，首先需要了解导致问题的根本原因。员工离职也是如此，HR 需要了解员工离职的具体原因，可以归类为以下四点：

①薪酬待遇达不到期望值。

②在公司发展的空间有限。

③工作职责停滞，每天无事可做。

④工作和生活的平衡被打破，影响了生活质量。

因此，要想避免员工离职，就需要从这四点出发，了解员工离职的具体原因，找出具体的解决办法和处理措施，让员工感到满意，从而让员工打消离职念头。

（2）加强员工管理

对于企业而言，不能在员工产生离职想法后才与员工进行沟通交流，解决问题。而是应当加强这方面的管理，时刻注意。公司应对员工离职问题可从如图 4-6 所示的几个方面入手解决。

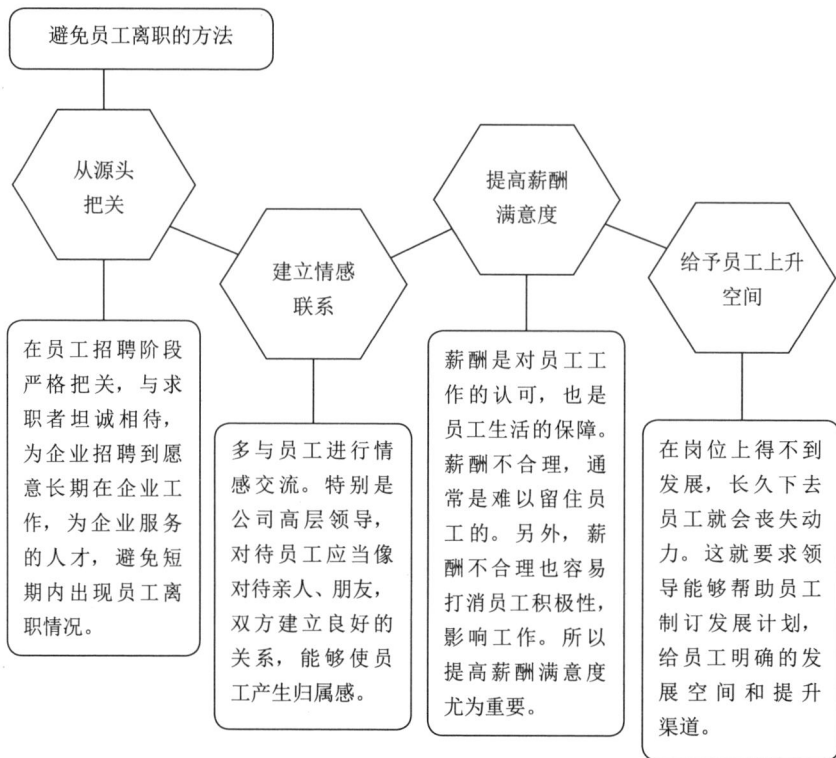

图 4-6　避免员工离职的方法

那么对于 HR 而言，针对以上四点，在日常工作中应当如何开展工作，避免员工离职呢？

①HR 一般会直接参与到人才招聘工作中，因此在招聘过程中要注意了解应聘者的职业素养，是否能在企业长久工作。还可以从应聘者简历中了解其过往工作，是否存在频繁换工作、工作时间较短等情况，从而谨慎决定是否录用。

②多与员工进行交流，向员工传达企业文化、远景目标等，为员工营造良好的工作氛围，让员工对企业产生家的感觉，这样员工更容易产生归属感。

③员工工作都是为了获得报酬，其他的都是在此基础上产生的。如果企业的薪酬不合理，很难吸引员工。因此 HR 应当协助相关人员逐渐完善企业

的薪酬制度、薪酬体系，多向员工了解关于薪酬的看法，充分考虑员工意见。

④物质上有了合理保障以后，还需要适当给予员工心理上的保障。HR可以协助员工领导为员工制订合理的发展计划，给予其足够的发展空间，让员工有目标、有方向，期待实现自身价值，与企业目标形成合力。

（3）员工离职后的处理

员工如果有了离职的念头，能够挽留固然是好的，但是如果无法挽留，必然会对公司造成损失。对此，HR应当协助公司相关方面采取必要措施，尽量降低损失，具体如图4-7所示。

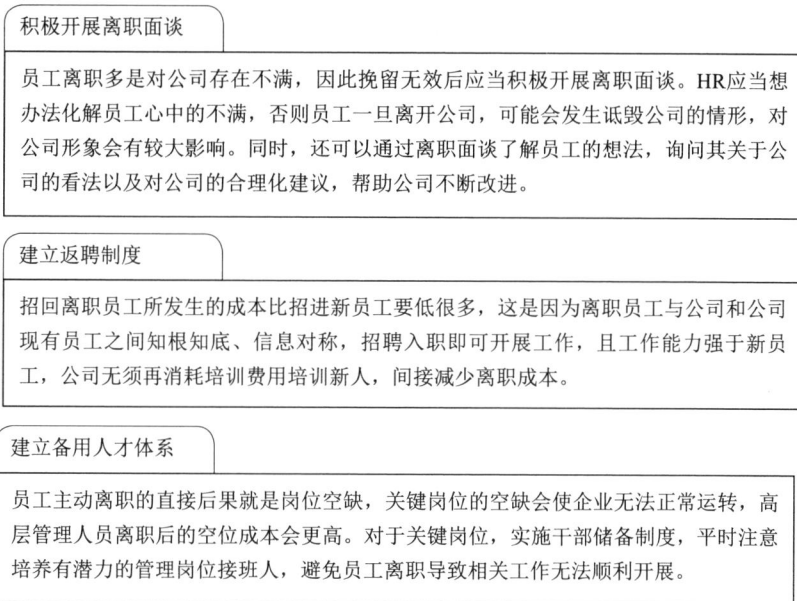

积极开展离职面谈

员工离职多是对公司存在不满，因此挽留无效后应当积极开展离职面谈。HR应当想办法化解员工心中的不满，否则员工一旦离开公司，可能会发生诋毁公司的情形，对公司形象会有较大影响。同时，还可以通过离职面谈了解员工的想法，询问其关于公司的看法以及对公司的合理化建议，帮助公司不断改进。

建立返聘制度

招回离职员工所发生的成本比招进新员工要低很多，这是因为离职员工与公司和公司现有员工之间知根知底、信息对称，招聘入职即可开展工作，且工作能力强于新员工，公司无须再消耗培训费用培训新人，间接减少离职成本。

建立备用人才体系

员工主动离职的直接后果就是岗位空缺，关键岗位的空缺会使企业无法正常运转，高层管理人员离职后的空位成本会更高。对于关键岗位，实施干部储备制度，平时注意培养有潜力的管理岗位接班人，避免员工离职导致相关工作无法顺利开展。

图4-7 员工离职后的处理措施

员工离职给公司带来的损失并不是不可避免的，HR可以通过相应的方法进行规避或是减轻。

4.4.2　把握裁员的原则和方法

裁员，是经济性裁员的简称。实施经济性裁减人员的公司，可以裁减因生产经营状况发生变化而产生的富余人员，减少人力资源成本，从而减轻公司运转压力。

裁员对员工来说通常是难以接受的，如果处理不当，很有可能导致员工产生不满情绪，给公司造成负面影响。因此裁减员工对公司来说是一项十分重要的工作，HR 要解决好裁员工作，需要把握裁员的原则和方法。

（1）裁员的原则

裁员通常是公司经营出现问题，为了消除冗余，减少人力资源成本的方法，但是裁员也不能盲目，应当遵循一定的原则，见表 4-6。

表 4-6　裁员的基本原则

原　　则	具体介绍
专业人才不轻易裁	公司的生产部门、技术部门中往往存在一些经验丰富、技术过硬的专业人才，而且在本职岗位上工作的时间比较长，这些员工是公司重要的人力资源，裁员时尽量不要考虑这些人群，否则后续工作开展可能会出现问题
重点部门人员的裁减要谨慎	对于企业而言，各个部门都有存在的价值，但是在公司经营困难时，裁员应当有主次之分，对主要部门员工应当适当保留，对次要部门员工可以适当裁撤。例如对于一个软件开发公司而言，开发部门和市场部门的员工通常不会轻易裁撤，而后勤部门、行政部门、财务部门则可以进行适当裁员
避免不必要的赔偿	发生裁员，公司要对被裁的员工进行经济补偿，如果裁员数量大，这将会是一笔大开支、高成本。如果裁员程序不对，还会另付被裁员工的经济补偿，加重公司的人力资源成本负担

（2）裁员的基本方法介绍

不同的公司在面对裁员时会有不同的裁员方法和想法，本质上裁员方法没有好与不好的区别，都是为了减少人力资源成本，关键是是否与公司当前的状况相适应。下面具体介绍裁员的常用方法，HR 可以根据公司的实际情况选择合适的方式。

> 暗示离职

暗示离职就是通过暗示的方式让员工了解自己即将被裁，促使其主动离职的方法。公司管理者想要裁撤某个员工，可以用一些方法让员工意识到自己是公司不再需要的人，暗示他自己先提出辞职。

这样，员工自己不会感觉到自己是被"裁"掉的，对公司来说，可以节省一些裁员的经济补偿，降低裁员的成本。

> 分批次裁员

公司进行裁员时，为了避免一次性大量裁员影响正常工作的开展，于是采取分批次进行，讲究层次性。比如，先辞掉矛盾少、没有纠纷的员工，然后再处理有历史遗留问题的员工。

这样不仅可以避免矛盾激化，减少不良员工联合闹事的风险，还有利于公司裁员的顺利实施，避免裁员太多产生的职位空缺成本。

> 基层锻炼式裁员

有些公司会把员工派到分公司或生产一线，让原本在岗位上表现平庸的员工得到去基层锻炼、提升自己的机会。这样不影响公司的稳定发展，同时又能改变当前的人力资源成本支出状况。

但需要注意的是，如果最终还是发现人力资源成本没有降低，或是员工没有明显进步，可以考虑彻底裁员。

> 变换用工形式

一些公司会通过协商方式将部分岗位重组为承包经营或劳务派遣，以变换用工形式来降低用工成本。

> 自愿减薪

在经营困难的情况下，很多公司坚持不裁员，而是选择少给员工支付年终奖金或直接减少薪金的方法。虽然员工减少了收入，但他们明白这是受整个大环境的影响，员工不仅不会有太多的抱怨，反而认为公司做法有人情味，而进一步增加凝聚力。

> 实行年老员工提前退休

公司在裁员过程中要做到优化性，可以让那些不能再发挥自身价值且年老的员工提前退出工作岗位，并按规定给予一定的福利补偿，直至其真正退休之日为止，以达到提高生产效率和避免支出高额经济补偿金的双重目的。

> 特别休假

在公司暂时困难时期，对员工全部采取裁员方式予以辞退会发生大额经济补偿费用，将加重公司的负担，以后恢复生产时也难以保证优秀员工能否如期返回。

在这种情况下，有些公司会给员工提供一段特别的带薪休假，包括公司主动放假、职工申请事假或压缩岗位时间等形式，让员工在公司渡过难关后再回到岗位上工作。类似于暂时裁员。

💡 **知识延伸** | 裁员的法律依据

　　企业在两种情况下可以裁减人员：一种情况是濒临破产，被人民法院宣告进入法定整顿期间；另一种情况是生产经营发生严重困难，达到当地政府规定的严重困难企业标准。此外，企业裁减人员，还应当严格依照法律和有关规章规定的程序进行。企业只有具备了法定条件并严格按照法定程序进行，裁减人员才是合法的，以裁减人员的方式与职工解除劳动合同才是有效的。

4.4.3　健全离职管理制度

离职管理制度对于公司来说是很有必要的，通过离职管理制度不仅可以规范员工离职行为，还可以为员工指明具体的离职方法，对公司和员工都能起到规范作用。

在设计员工离职管理制度时，应当把可能涉及的情况和操作进行全面概括，避免出现因制度不完善导致公司与员工出现争执，甚至矛盾。下面具体来看某企业的离职管理制度。

| 实例分析 | 员工离职管理制度分析

1.目的

为了规范公司员工离职程序，维护公司正常生产经营秩序，做好工作交接，保障工作的正常开展和员工的合法权益，特制定本制度。

2.适用范围

本制度适用于公司各类员工离职行为以及对员工离职行为的管理。

3.员工离职的不同情形

3.1 员工与公司双方协商解除或终止劳动关系：不论基于何种原因，员工与公司协商解除或终止劳动关系，员工须提交离职报告，……

…………

4.员工辞职

4.1 员工辞职的提出

…………

5.公司解聘

6.劳动合同到期终止

7.公司辞退

8.办理离职的注意事项

以上为某公司的员工离职管理制度的大致结构，主要介绍了该制度的适用范围、员工离职的不同情形、员工辞职、公司解聘等情形下的具体处理办法。HR 在实际操作中可以参考该制度的结构，结合企业实际情况制定适合本公司情况的员工离职管理制度。

此外，还需要明确员工离职管理的具体流程，避免员工因为离职流程不明与公司产生矛盾。如图 4-8 所示为一般的员工离职流程图。

员工	所属部门	人力资源部	总经理	财务部

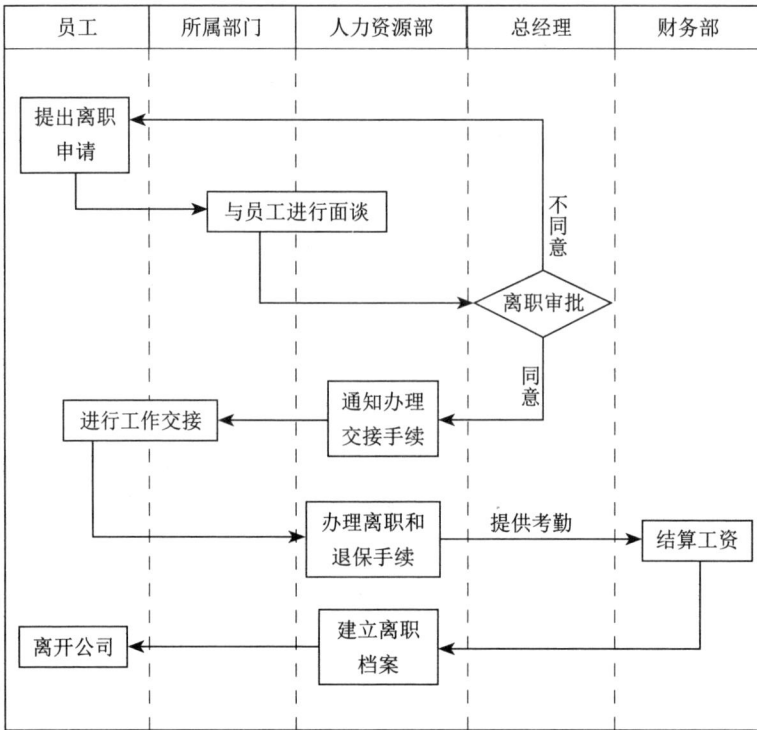

图 4-8　员工离职流程图

第 **5** 章

人力资源财务风险高效防控

　　HR 在日常工作中不仅要做好自己的本职工作，还应当协助财务部门做好必要的财务风险防范工作，主要包括竞业限制风险、劳动合同风险以及其他的财务相关风险，避免公司遭受不必要的损失。

- 竞业限制的补偿金如何约定
- 认真拟定劳动合同避免纠纷
- 合理规划企业人力资源
- 突出员工合同免责条款

5.1 做好企业的竞业限制规避风险

竞业限制是《中华人民共和国劳动合同法》的重要内容，是用人单位对负有保守用人单位商业秘密的劳动者，在劳动合同、知识产权权利归属协议或技术保密协议中约定的竞业限制条款。

用人单位和知悉本单位商业秘密或者其他对本单位经营有重大影响的劳动者在终止或解除劳动合同后，一定期限内不得再生产同类产品、经营同类业务或有其他竞争关系的用人单位任职，也不得自己生产与原单位有竞争关系的同类产品或经营同类业务。

5.1.1 与员工约定竞业限制的原因

为了促进公司的经营发展，员工在工作过程中很可能掌握企业的重要技术、信息等机密内容，而竞业限制则是保护公司商业秘密的重要方法，避免关键人员离职给企业带来泄密风险，下面就来看看与员工约定竞业限制的具体原因。

（1）关键人员竞业限制的必要性

对于公司来说，核心成员的离开不仅严重影响公司的经营，如果该员工入职竞争对手，还可能让竞争对手知晓公司运营规划、财务信息等重要商业秘密。因此，为核心员工设置竞业限制义务，与其签订竞业限制协议是极其重要的。

关键人员离职并办理离职手续时，就需要检查是否与公司签署过竞业限制协议，如果没有，需要及时上报，与其签订竞业限制协议。

（2）约定竞业限制的可行性

推行同业竞业限制不是为了制约人才的自由流动，限制竞争，也不是为了限制劳动者再次就业。事实上，它是保护商业秘密的一种事后补救，是对可能导致侵犯商业秘密行为的事前防范。

实践中，尤其在高新技术行业，侵犯商业秘密的行为时常发生，而通常企业没有约定竞业限制，或是竞业限制没有发挥实际效用。一个关键问题是事后的证据的收集困难重重，对此国家相关法律明确规定了竞业限制的有关条款。公司应当在法律条款下，制定与公司实际情况相符的竞业限制协议，保证自身合法权益。

虽然法律上对实行竞业限制给予保障，但用人单位与劳动者还可以在约定时注意以下几个问题。

> 应遵循平等、自愿、诚实信用原则

竞业限制协议可以在劳动合同中约定，也可以单独约定。《劳动法》第十七条规定：订立和变更劳动合同，应当遵循平等自愿、协商一致的原则。合同法中也有公平、自愿、诚实信用原则的规定，无论签订劳动合同或订立竞业限制条款都必须遵循这个基本原则，违背了这个原则，所订立的条款或合同无效。

> 要遵循目的合法的原则

合同的内容应当符合法律、法规的规定，任何与法律法规相违背的条款或合同都是无效的。我国《反不正当竞争法》第九条规定经营者不得实施下列侵犯商业秘密的行为：（一）以盗窃、贿赂、欺诈、胁迫、电子侵入或者其他不正当手段获取权利人的商业秘密。（二）披露、使用或者允许他人使用以前项手段获取的权利人的商业秘密。（三）违反保密义务或者违反权利人有关保守商业秘密的要求，披露、使用或者允许他人使用其所掌握的商业秘密。（四）教唆、引诱、帮助他人违反保密义务或者违反权利人有关保守商业秘密的要求，获取、披露、使用或者允许他人使用权利人的商业秘密。

经营者以外的其他自然人、法人和非法人组织实施前款所列违法行为的，视为侵犯商业秘密。

第三人明知或者应知商业秘密权利人的员工、前员工或者其他单位、个人实施本条第一款所列违法行为，仍获取、披露、使用或者允许他人使用该商业秘密的，视为侵犯商业秘密。

➤ 要有明确的商业秘密保护范围

商业秘密是指不为公众所知悉，能为权利人带来经济利益，具有实用性，并经权利人采取保密措施的技术信息和经营信息。以电信企业为例，商业秘密的保护范围应该包括：利用企业资金、设备、技术资料，为履行本职工作或企业交付的任务所完成的科研成果；与企业生产运营密不可分的技术支撑系统；即将出台但尚未公布的营销策略、优惠政策、业务发展策略、经营管理方案；尚未公开的中长期发展规划、客户分布以及客户需求调查等。

因此，用人单位应首先制定有关保护商业秘密的规章制度，明确哪些技术信息和经营信息属于应保护的商业秘密，并采取相应的保密措施加以规范，不能将该行业的一般知识技能和专业技能都纳入商业秘密的具体范围。

➤ 要有明确的适用对象

在与员工约定竞业限制时，应当明确适用对象，一般应当是掌握用人单位重要商业秘密的员工。在公司中，从事技术研究、企业管理、财务管理和销售管理等工作的人员应该都属于可适用同业竞业限制条款或合同的对象，这些人员的流动将会给用人单位造成巨大损失。要有明确的竞业限制的对象，最好要列出与本公司相似的有竞争力的公司，便于操作。

➤ 要有竞业限制期限的约定

公司在与员工约定竞业限制时，应当明确限制时间，可以双方进行协商，最多不超过两年。

对掌握公司商业秘密的人员可根据其所在岗位，经过考量缩短限制时间；对于掌握机密的人员，则不能缩短期限。

➤ 要有确定的经济补偿数额

如果用人单位与劳动者签订了竞业限制的合同，用人单位则要支付相应的费用，这体现了公平原则，也是实行同业竞业限制的一项重要内容。

> 要有明确的违约责任

用人单位违反竞业限制有关约定，不支付经济补偿金，势必造成这一条款的不能履行，劳动者可不履行竞业限制条款的有关义务。然而用人单位依约支付了经济补偿金后，劳动者违约了，则必须承担相应的违约责任，违约责任要通过事先约定加以明确。违约责任在合同中也应当事先约定，并且双方都清楚。

知识延伸 | 区分竞业禁止和竞业限制

　　竞业禁止是公司法规定的公司高级管理人员，如董事、经理等不得自营或与他人合作经营与其所任职的公司同类的业务。下面具体来看两者有何区别，见表5-1。

表5-1 竞业禁止和竞业限制的区别

项　目	竞业禁止	竞业限制
针对对象	公司董事、高级管理人员	负有保密义务的劳动者，可以包括董事、高级管理人员
能否解除	不能约定解除	企业违反竞业协议承诺未支付补偿，劳动者经催告后仍不付补偿，劳动者可以行使解除权；单位提前一个月通知可以放弃竞业限制
在职与否	针对的是在职人员	针对的是离职人员
效　力	针对的在职人员只要未离职，就一直适用	针对员工的限制为离职两年以内
补偿情况	不需要支付补偿	员工离职后必须补偿，而不是在职期间支付保密费
承担责任	侵权责任	可能是违约责任，也可能是违约责任和侵权责任的结合

此外，还有许多人对竞业限制存在误解，认为竞业限制就是签订保密协议，从而与所有员工签订竞业限制协议，这就导致在员工离职时公司需要支付大量的补偿金，导致企业用工成本增加。

5.1.2 竞业限制的补偿金如何约定

用人单位与负有保守用人单位商业秘密义务的劳动者，在竞业限制协议中对经济补偿金的标准、支付形式要进行约定，实施过程中从其约定。因用人单位原因不按协议约定支付经济补偿金，经劳动者要求仍不支付的，劳动者可以解除竞业限制协议。

如果竞业限制协议对经济补偿金的标准、支付方式等未做约定的，劳动者可以要求用人单位支付经济补偿金。双方当事人由此发生争议的，可按劳动争议处理程序解决。

前面介绍过，竞业限制协议生效前或者履行期间，用人单位放弃对劳动者竞业限制的要求，应提前一个月通知劳动者。

关于经济补偿金的金额，我国劳动合同法未做明确规定，各地的标准可能不同，具体如下所示（供参考）。

北京：经协商不能达成一致的，可按照双方劳动关系终止前最后一个年度劳动者工资的 20%～60% 支付补偿费。

上海：协商不能达成一致的，用人单位应当按照劳动者此前正常工资的 20%～50% 支付。

江苏：年经济补偿额不得低于该劳动者离开用人单位前 12 个月从该用人单位获得的报酬总额的 1/3。

深圳：按月计算不得少于该员工离开企业前最后 12 个月月平均工资的 1/2。

宁波：年补偿费不得低于该员工离职前一年从该企业获得的年报酬总额的 1/2。

…………

如下所示的是一份比较简单的竞业限制协议范本。

| 实例分析 | 竞业限制协议范本

甲方：（企业）　　　　　　　营业执照码：

乙方：（员工）　　　　　　　身份证号码：

鉴于乙方知悉的甲方商业秘密具有重要影响，为保护双方的合法权益，双方根据国家有关法律法规，本着平等自愿和诚信的原则，经协商一致，达成下列条款，双方共同遵守：

一、乙方义务

1.1　未经甲方同意，在职期间不得自营或者为他人经营与甲方同类的行业。

1.2　不论因何种原因从甲方离职，离职后两年内不得到与甲方有竞争关系的单位就职。

1.3　不论因何种原因从甲方离职，离职后两年内不自办与甲方有竞争关系的企业或者从事与甲方商业秘密有关的产品的生产。

二、甲方义务

从乙方离职后开始计算竞业限制时起，甲方应当按照竞业限制期限向乙方支付一定数额的竞业限制补偿费。补偿费的金额为乙方离开甲方单位前一年的所得收入。补偿费按季支付，由甲方通过银行支付至乙方银行卡上。如乙方拒绝领取，甲方可以将补偿费向有关方面提存。

三、违约责任

3.1　乙方不履行规定的义务，应当承担违约责任，一次性向甲方支付违约金，金额为乙方离开甲方单位前一年的基本工资的5倍。同时，乙方因违约行为所获得的收益应当归甲方。

3.2　甲方不履行义务，拒绝支付乙方的竞业限制补偿费，甲方应当一次性支付乙方违约金人民币50万元。

四、争议解决

因本协议引起的纠纷，由双方协商解决。如协商不成，则提交××仲裁委员会仲裁。

五、合同效力

本合同自双方签章之日起生效。本合同的修改，必须采用双方同意的书面形式。双方确认，已经仔细审阅过合同的内容，并完全了解合同各条款的法律含义。

甲方：（签章）　　　　　　乙方：（签名）

> 💡 **知识延伸** ┃ 竞业限制补偿金注意事项
>
> 在竞业限制协议履行过程中，离职员工持续违约情况，向原单位支付赔偿金额以后，限制期限未满，需要继续遵守限制协议；同理，原单位违约的，原单位需要继续按月支付竞业限制协议补偿金。

5.1.3   离职人员违反竞业限制协议的违约金

劳动者违反竞业限制的约定，应按照约定向用人单位支付违约金。用人单位和劳动者在约定竞业限制条款时，应同时约定具体的违约责任的承担方式和内容。

在实际操作中，很多人容易将违约金和竞业限制协议补偿金弄混淆。其实，两者没有关联，违约金的多少完全取决于企业的实际损失是多少，但是如果违约金显失公正，劳动者可以通过仲裁或起诉的方式，要求进行裁定。

下面通过具体的案例来看违反竞业限制协议的违约金处理。

┃ 实例分析 ┃ 离职者违反竞业限制协议遭受赔偿损失

杨某之前一直在某教育公司负责员工培训工作，担任软件开发培训讲师，并且在入职时就与该教育公司签订了"竞业限制协议书"，协议书中明确规定了劳动者一旦从该公司离职，则该公司两年内每月向其支付竞业限制补偿金2 500元（月均工资的50%），劳动者离职后不得在同类型公司、类似公司或行业工作，包括正式聘用或提供劳务等。

"竞业限制协议书"中明确规定了，如果劳动者违反了相应的义务，不仅需要退还已经取得的竞业限制补偿金，还需要向该教育公司一次性支付违约金50万元，以及赔偿该公司遭受的其他损失。

杨某离职后，教育公司按照协议约定每月向其支付2 500元。然而，杨某离职后并未遵守该协议，私自在一家培训机构进行软件开发课程培训。该教育公司得知以后，进行了取证，了解了具体情况，于是将杨某诉至法院，要求杨某继续履行"竞业限制协议书"的相关规定，并向教育公司支付违约金50万元，返还已经获得的竞业限制补偿金7 500元。

在开庭审理的过程中，杨某声称自己不知道签署过"竞业限制协议书"，自己只与该教育公司签订过"劳动合同"，"竞业限制协议书"是公司故意设计的，并且该协议书的内容对自己明显不公平，要求撤销该协议书。声称自己并未正式受聘于该培训机构，只是在该机构进行试讲，未签订正式劳动合同，因此不能算是违反"竞业限制协议书"。

经过法院审理后认为：杨某是具有完全民事行为能力的自然人，与教育公司签订"竞业限制协议书"时并未对协议内容提出异议。并且教育公司按月向其支付了经济补偿金，也没有提出异议，杨某也没有明确的证据证明该公司通过欺诈的手段与其签订"竞业限制协议书"。

此外，两个机构的经营范围中均存在软件开发培训等内容，杨某也承认自己在教育机构中开展培训工作，因此认定杨某违反了双方的竞业限制约定，应当支付违约金，赔偿该教育公司相应的损失，并且继续履行"竞业限制协议书"的相关内容。

通过以上案例可以看到，该劳动者在接受企业的竞业限制补偿金的同时，违反了"竞业限制协议书"的相关内容，在相似机构工作，因此需要承担经济赔偿。

对于公司而言，员工离职时不仅需要关注是否与相关人员签订了"竞业限制协议书"，还需要在员工离职后的约定时间期限内留意该员工的动向，看其是否违反约定的"竞业限制协议书"。

如果发现劳动者存在违约情况，应当第一时间安排相关人员进行取证，方便进行下一步的索赔工作。

5.2　HR 应严格履行工作职责

HR 在实际工作中应当履行好自身的职责，维护好公司的秩序，减少不必要的纠纷，从而防范财务风险。

5.2.1　认真拟定劳动合同避免纠纷

劳动合同是指劳动者与用人单位之间确立劳动关系，明确双方权利和义务的协议。劳动合同依法订立即具有法律约束力，当事人必须履行劳动合同规定的义务。

劳动合同不仅要明确双方的责任和义务，还需要明确合同的注意事项、变更、解除、终止、违约、赔偿、无效和仲裁等内容，从而指导合同双方更好地按照合同的约定行事。表 5-2 所示的是劳动合同的必备条款和约定条款内容。

表 5-2　劳动合同的必备条款和约定条款

类　型	条　款	具体介绍
必备条款	劳动合同期限	法律规定合同期限分为三种：有固定期限，如一年期限、三年期限等均属这一种；无固定期限，合同期限没有具体时间约定，只约定终止合同的条件，无特殊情况，这种期限的合同应存续到劳动者到达退休年龄；以完成一定的工作为期限，例如：劳务公司外派一名员工去另外一家公司工作，两个公司签订了劳务合同，劳务公司与外派员工签订的劳动合同期限是以劳务合同的解除或终止而终止。用人单位与劳动者在协商选择合同期限时，应根据双方的实际情况和需要来约定
	工作内容	双方可以约定工作数量、质量，劳动者的工作岗位等内容。在约定工作岗位时可以约定较宽泛的岗位概念，也可以另外签一个短期的岗位协议作为劳动合同的附件，还可以约定在何种条件下可以变更岗位等条款
	劳动保护和劳动条件	约定工作时间和休息休假的规定，各项劳动安全与卫生的措施，对女工和未成年工的劳动保护措施与制度，以及用人单位为不同岗位劳动者提供的劳动、工作的必要条件等
	劳动报酬	可以约定劳动者的标准工资、加班加点工资、奖金、津贴、补贴的数额及支付时间、支付方式等
	劳动纪律	将用人单位制定的规章制度约定进来，可采取将内部规章制度印制成册，作为合同附件的形式加以简要约定
	劳动合同终止的条件	这一必备条款一般是在无固定期限的劳动合同中约定，因为这类合同没有终止的时限。但其他期限种类的合同也可以约定
	违反劳动合同的责任	一般约定两种违约责任形式，第一种是一方违约赔偿给对方造成的经济损失，即赔偿损失的方式；二是约定违约金的计算方法，采用违约金方式应当注意根据职工一方承受能力来约定具体金额，避免出现显失公平的情形。违约不是指一般性的违约，而是指严重违约，如职工违约离职，单位违法解除劳动合同

续表

类 型	条 款	具体介绍
约定条款	试用期	这类约定条款的内容，是当国家法律规定不明确，或者国家尚无法律规定的情况下，用人单位与劳动者根据双方的实际情况协商约定的一些随机性的条款。劳动行政部门印制的劳动合同样本，一般都将必备条款写得很具体，同时留出一定的空白地由双方随机约定一些内容 随着劳动合同制的实施，人们的法律意识、合同观念会越来越强，劳动合同中的约定条款的内容会越来越多。这是改变劳动合同千篇一律状况、提高合同质量的一个重要体现
	保守用人单位商业秘密的事项	
	用人单位内部的一些福利待遇、房屋分配或购置等	

劳动合同必须依法以书面形式订立，做到主体合法、内容合法、形式合法和程序合法。只有合法的劳动合同才能产生相应的法律效力。任何一方面不合法的劳动合同，都是无效合同，不受法律承认和保护。

在劳动合同合法的前提下，还要求合同内容必须是劳动者和用人单位协商一致的结果，不能完全由一方主导。

5.2.2 做好考勤和统计，避免员工虚报

考勤通常是所有公司都会涉及的，如果不严格进行考勤，则可能出现员工无故迟到、早退甚至旷工的情况，影响公司的日常工作开展。

考勤也就是考察员工的出勤情况，主要包括上下班、迟到、早退、病假、婚假、丧假、公休、工作时间以及加班情况等。

员工的出勤情况能够直观展示员工的工作状况，而许多公司都会为员工设置全勤奖，因此就需要通过考勤工作清楚记录员工的出勤情况，防止员工为了全勤奖而谎报考勤数据。

员工考勤是一项烦琐的工作，HR 可以借助相应的工具轻松实现考勤管理。常见的考勤方法可以分为两类，分别是机器考勤和网络考勤，下面分别进行介绍。

（1）机器考勤

机器考勤就是我们常说的打卡考勤或指纹考勤，如今，很多公司还安装了人脸识别考勤机。这几种考勤方式都是利用磁卡、IC 卡或其他感应系统录入信息，都需要员工本人按时到场打卡。

这种打卡方式的特点是操作简单，准确性高，员工到公司即可完成打卡，效率较高；其缺点是容易出现同时代替打卡的情况，也不方便外出办事员工和出差员工打卡。

机器考勤得到的数据通常无法直接使用，还需要进行整理、汇总，最终得到员工考勤汇总表，见表 5-3。

表 5-3　员工考勤表

部门：　　　　　班组：　　　　　统计日期：

姓名	工号	1	2	3	4	5	……	出勤天数	休息天数	迟到	旷工	早退	加班	事假	病假	年假

病假 "＋"；加班 "☆"；事假 "○"；旷工 "×"；迟到 "√"；早退 "△"；年假 "※"

考勤员：　　　　　部门负责人：　　　　　审批人：

（2）网络考勤

现如今互联网技术突飞猛进，移动设备也在日常生活、工作中越来越重要。很多企业都会使用 App 管理员工的日常事务，包括考勤，如阿里巴巴旗下的钉钉，提供了多种企业人事管理功能，包括企业通信录、视频会议和企业群等，当然还包括签到功能。

无论是正常上班还是外勤签到，管理者都能快速了解员工的签到情况，还能查看团队外出员工分布，掌握员工外勤工作情况。如图 5-1 所示，下载钉钉 App，在首页就能看到考勤功能。点击"考勤打卡"按钮，系统就会自动为员工定位，按照事先设置好的考勤规则，提醒员工打卡。

网络考勤相较于传统的机器考勤灵活性较强，解决了员工外出办事无法及时考勤的问题。使用网络考勤方式，HR 就可以直接通过软件系统，统计生成员工考勤表，直接下载即可，不需要再自行制作表格，极大地减轻了HR 的工作压力。

图 5-1　钉钉 App 考勤功能

5.2.3　合理规划企业人力资源

人力资源计划是指为了达到企业的战略目标，满足未来一段时间内企业的人力资源质量和数量方面的需要，结合企业现状和上一年度的规划情况，决定引进、保持、提高、流出人力资源的预测和规划安排。

人力资源内部控制是指由公司董事会、监事会、经理层和其他员工实施的旨在实现人力资源管理目标的过程，也是人力资源规划的一项重要工作。其目标大致有如下五点。

①制定和实施与公司发展战略相匹配的人力资源政策，促进公司发展战略的实现。

②保证公司人力资源政策符合国家有关法律法规的要求。

③合理保障公司人力资源的安全。

④合理保障与人力资源有关信息的真实可靠。

⑤提高人力资源管理的效率和效果。

HR 可以从以下几点入手，协助公司做好人力资源规划和内部控制相关工作。

> 控制人力资源内部环境

控制人力资源内部环境是人力资源内部控制的基础，主要包括管理层经营哲学与用人理念、员工职业道德、专业胜任能力、诚信和道德价值观、治理结构、机构设置及权责分配、内部审计以及企业文化等。控制好这些内部环境，就是为公司人力资源规划设置了最高层基调。

> 人力资源的风险估计

在公司人力资源政策的制定与实施过程中，由于公司内部和外部因素的影响，存在人力资源政策无法实现其目标的可能性，这就是人力资源风险。HR 要能识别人力资源风险，并对风险进行估计，然后制定出应对策略，如规避、降低、分担或接受。

> 安排人力资源的控制活动

规划人力资源时，其关键控制点包括实施科学合理的绩效管理，引导员工实现公司目标；通过合理的薪酬制度，保留和吸收优秀人才；制定有效的劳动保护措施，确保员工的人身安全等。主要控制措施包括不相容职务相分离控制、授权批准控制、预算控制、记录接近控制、内部报告控制和电子信息技术控制。

> 做好人力资源的信息沟通

要想合理规划公司的人力资源，就要保证人力资源工作者之间的信息沟通顺畅，这样才能保证在互相协作的情况下开展人力资源规划工作，避免信息不通畅造成人力资源规划误差。

➢ 做好人力资源内部控制的监督工作

人力资源的规划只能就当前的情况进行，而在人力资源的使用过程中，情况会发生变化，所以 HR 要为公司做好监督工作，即随时考察人力资源配置情况，及时根据实情进行调整。

5.2.4 做好人事测评，防止财务舞弊

人事测评，顾名思义就是对公司员工进行的测评，主要是心理测量。要想防止财务舞弊，人力资源部尤其要对公司的财会人员进行人事测评，了解各个财会人员的心理素质和性格品行，这是因为财会人员直接管理公司财务，掌握着公司的经济命脉。

一旦财务部门某些员工存有私心，很可能会出现违规操作，给公司带来财务风险，造成严重的经济损失。人事测评可以帮助公司筛选出存在问题的员工，进而降低公司面临财务风险的概率。

人事测评应当全面，包含员工的方方面面，这样才能全面了解员工的状况。表 5-4 所示为财务（管理）人员素质测评通用方法。

表 5-4 财务（管理）人员素质测评方法

测评维度		测评方法	工　具	素质水平
生理素质		体检表分析	体检表	1. 体质：身体健康状况良好，无"器质性"疾病 2. 精力：良好的耐力和承受力
心理素质	个性特征	心理测试	16PF 量表（16 种人格因素问卷）	低乐群性、低忧虑性、高有恒性、高敏感性、敢为性一般
	职业兴趣	心理测试	霍兰德职业兴趣与价值观测评量表	职业兴趣倾向于常规型（C 型得分最高）
	诚信倾向	面试、笔试	诚信倾向问卷	诚实，讲信用
知识素质		笔试、评价中心	自制测评试卷、评价中心试题	1. 财务专业知识达到良好以上水平 2. 财务操作技能必须达到熟练程度

　　了解测评方法后，还需要根据实际情况设置相应的评价指标，然后组织财务人员进行评测，最终通过素质测评评价表统计财务人员的具体得分情况，并据此决定财务人员的任用与否。

　　表 5-5 所示的是某公司编制的财务人员素质测评评分表。公司可根据自身实情编制合理的员工测评表。

表 5-5　财务人员素质测评评分表

测评要素		权　　重	单项评分
测评维度	测评内容		
生理素质	体质		
	精力		
知识技能	财务专业知识		
	会计实务操作技能		
	财务管理知识		
专业能力	智力		
	数字敏感性		
	数字反应能力		
	财务专业能力		
	创造力		
人格特质	职业兴趣		
	诚信倾向		
	责任心		
	情绪稳定性		
	内外向性		
	压力承受能力		
合　　计		100%	

5.2.5 突出员工合同免责条款

免责条款是当事人约定的用以免除或限制其未来合同责任的条款，不仅仅出现在劳动合同中，在其他合同中也经常出现。免责条款常被合同一方当事人写入合同或格式合同之中，作为明确或隐含的意思要约，以获得另一方当事人的承诺，使其发生法律效力，属于民事法律行为。

免责条款的特点主要包括以下四点。

免责条款是一种合同条款，是合同的组成部分。任何企业援引免责条款免责的当事人必须首先证明该条款已构成合同的一部分，否则无权援引免责条款。

免责条款是事先约定的。当事人约定免责条款是为了减轻或免除其未来发生的责任，因此只有在责任发生以前由当事人约定且生效的免责条款，才能使当事人未来的责任减轻或免除。

免责条款旨在免除或限制当事人未来应负的责任。限责和免除责任的条款有区别，一般来说，法律对免责条款的有效条件比对限责条款的有效条件要求更严格。

免责条款不同于附条件的合同。尽管免责条款在设定时，当事人也可能在条款中指明一定的条件，但它是合同的一项条款，设定目的只是为了限制和免除当事人未来的责任，并不影响合同本身的效力，不会导致合同的生效或解除。而当事人在附条件的合同中设定一定条件，旨在以条件的成就或不成就来影响合同本身的效力，若条件成就，则会发生合同生效或终止。

那么，HR 在帮助公司拟定劳动合同，保证免责条款的效力，防止员工借机捞钱时，需要确认免责条款的效力，这就要求免责条款合理合法，具体介绍如下：

①必须是劳动合同双方当事人真实的意思表示。

②必须经劳动合同双方当事人协商同意。

③必须符合社会公共利益的要求，如必须维护国家、公司或第三人的合

法权益和利益，否则无效。

④必须合理分配劳动合同双方当事人之间的权益与风险。

⑤必须予以说明的格式合同免责条款，其提供者必须尽说明义务。

除此之外，人力资源还应了解以下造成免责条款无效的情况，避免制定的免责条款无法起到作用。

①显失公平的无效。

②以欺诈、胁迫、恶意串通等手段或以合法形式掩盖非法目的订立的免责条款，损害国家、公司或第三人利益的无效。

③格式合同免责条款未向劳动合同双方当事人提醒注意和详细说明的无效。

④造成劳动者人身伤害的免责条款无效。这里的人身伤害是绝对的，没有轻重之分。

⑤因故意、重大过失致劳动合同当事人财产损失的免责条款无效。

只有明确了劳动合同的免责条款的有效要件和无效情况，HR 才能更好地帮助公司判断员工和公司的免责情况，防止员工以劳动合同的漏洞为由，要求公司支付赔偿金，增加公司不必要的成本开支。

5.3　HR 需要注意的其他防范措施

HR 对企业正常运营的作用巨大，不仅需要从全局出发，配合财务部门做好风险防范，还需要做好日常细节管理工作，如及时告知财务部员工的工资调整时间、及时提交员工的每月工资信息等。

5.3.1　及时将每月的工资信息提交到财务部

企业中的工作通常是相互关联的，对于员工的工资数据，通常由人力资源部进行统计、汇总和核算，然后提交到财务部门，这样财务部门才能够进行计提工资的账务处理。

为了避免出错，人力资源部通常需要将员工的最终工资数据通过表格的形式进行保存，从而方便财务部门进行审核和账务处理，如图 5-2 所示为某公司的工资表模板。

员工工资表

姓名	职称	月薪	出勤时间					所得薪资						扣款		应得薪资	个税扣除	实发工资	员工签名
			应出勤天数	出勤天数	平均加班时数	周末加班时数	国假天数	上班薪资	平均加班薪资	周末加班薪资	国假薪资	岗位津贴	全勤奖	事假缺勤扣款	社保费用				
总人数			会计：											合计					
														批准：					

图 5-2 某公司员工工资表模板

人力资源部将工资表提交到财务部以后，财务部负责审核的相关人员需要对工资表的"出勤天数""上班薪资""全勤奖""应得薪资""个人扣税"和"实发薪资"等进行审核。如果发现存在问题，需要与人力资源部对应的审核员进行核对，确保员工工资数据无误。

HR 需要注意，工资核算出错容易遭到员工投诉，还有可能让公司遭受不必要的损失。

5.3.2 协助财务部监督离职人员工作交接

对于公司而言，员工离职的原因可能多种多样，但是公司应当对员工离职工作进行具体规范，监督即将离职的员工做好相关交接工作，避免因为工作交接不明确使后续工作开展困难。

离职员工工作交接好坏对公司影响较大，HR 应当引起重视，下面具体来看员工离职交接有哪些注意事项。

（1）明确离职交接内容

明确离职交接内容，不仅可以帮助公司规避离职员工所在岗位后续工作断档的情况，也能够帮助员工了解哪些内容需要交接。

工作文件：包括政策法规、内部制度、培训材料、操作手册和各类相关材料等。

工作资料：在职期间的工作记录资料，如电子版的工作日志、记事本。

岗位任务：岗位涉及工作流程、关键控制点和注意事项。

当前工作：了解当前的进展程度很重要，及时做好工作衔接，避免脱节、延误，包括未完成事项、待办事项的交接。

客户资料：对于企业中负责销售、采购等需要与客户、供应商等外部单位联系的部门及人员，尤其要注意客户档案的完整性和准确性，比如客户的姓名、职务和联系方式等基本信息。

实物移交：大的方面如台式电脑、手提电脑、打印机和传真机等，小到容易忽视的钥匙、印鉴等。

财务移交：员工如果是调到外单位或离职前要将经手的各类涉及资金的项目、业务和个人借款等款项与财务部门进行清算。

（2）离职的薪资处理

公司与离职员工的纠纷很多是与员工的薪资有关，为了避免出现纠纷，防范法律风险，人力资源部和财务部应做好以下工作：

①一次性结清工资，尽量避免要求离职员工在公司下月正常发薪日领取工资的做法。

②支付经济补偿金和赔偿金。

③妥善处理其他薪酬福利事项，如社保和住房公积金，公司应与员工协商确定转移手续的办理时间和双方如何配合办理等。

（3）工作交接规范

员工出现工作调动、晋升、调岗、离职和辞退等情况都需要进行工作交接，因此在公司中工作交接的频率较高，这就需要公司应当拥有完善的工作交接规范。

规范交接手续。从规范交接手续上来说，交接工作都应当由交接人、接交人以及监交人三者签字确认，最后由人力资源部门审核备案后方可认定为交接完成。

明确责任。在工作交接过程中，如出现部分文件、资料、图书和证照等遗失，或固定资产损坏时，应及时查清原因，分清责任，对需要赔偿的应要求对应责任人赔偿。

提升重视程度。很多公司对离职工作交接不重视，导致离职员工可能带走公司的资料、财务数据等，给公司造成严重损失。所以公司要确保工作交接流程化、标准化和规范化。

交接工作本质上讲是工作传递、承上启下的重要环节。HR 在员工离职交接的过程中应注意监督，确保离职交接全面、完整。收到离职员工的交接材料后要仔细检查，对于其中的遗漏项要督促离职人员尽快补充，确认离职交接材料合格后再帮助员工办理离职。

5.3.3　管理好劳动合同台账避免纠纷

劳动合同台账就是公司记录员工劳动合同详细资料的一个登记表，以方便对本企业的劳动合同进行规范管理。

劳动合同台账的主要内容应包含员工姓名、部门、岗位、入职日期、签订合同日期、合同生效日期、合同到期日期、续签情况、合同变更事项、合同解除以及合同终止等。

　　劳动合同台账没有固定的格式，企业组织结构不同、规模不同，台账的种类要求、类目粗细等都存在比较大的差异。台账种类的确定与记录应当坚持简明、准确、及时和稳定的原则。对于一些规模较大的公司，还会把劳动合同台账分别编制成不同的台账，例如下列所示的一些。

　　员工登记表（个人信息资料）。

　　劳动合同台账（劳动关系的变化）。

　　员工统计表（组织结构的调整）。

　　专项协议台账（特殊情况管理）。

　　社会保险及医疗期台账（保障员工权益）。

　　员工培训台账（保障企业效益）。

　　终止和解除劳动关系台账（管理绩效）。

　　其他必要的台账（投入产出分析管理，人力资源发展规划管理）。

　　下面具体来看某企业的劳动合同管理台账，见表 5-6。

表 5-6　劳动合同管理台账

劳动合同管理台账

单位：　　　　　　　　　　　　　　　　　　　　　　日期：

编号	姓名	性别	部门	岗位	身份证号	合同起止日期	变更、解除、终止、续订情况	经办人	备注

第 6 章

整理数据源为数据分析做准备

　　在 HR 的日常管理工作中涉及大量的数据，需要通过一定的方法进行收集、整理，为以后的数据分析工作打好基础。HR 只有掌握一定的数据处理技巧，才能高效处理公司数据。

- 制作员工信息表
- 统计面试人员总数
- 将面试结果转化为文字表达
- 计算员工的个人所得税和实付工资

6.1　日常办公表格的制作

HR 日常办公中，要想提高办公效率，可以通过一些表格进行辅助，这里主要介绍员工信息表和差旅费报销单的制作方法。

6.1.1　制作员工信息表

员工信息表是每个企业都需要的基础表格，很多时候都是由 HR 制作，因此 HR 要全面地考虑各岗位、各项工作对员工信息表的数据需求，在设计前要将自己的思路和上级领导沟通，保证设计的表格符合需求。

设计员工信息表，首先需要考虑提供哪些数据以方便工作之用。如员工基本信息、员工学历信息、员工合同信息、员工部门岗位信息以及员工离职信息等。

然后将需要的信息列出来，例如需要的项目有：姓名、性别、出生日期、年龄、身份证号、部门、岗位、学历、入职时间、转正时间、签订劳动合同时间（含多次）、劳动合同到期时间（含多次）、工龄和离职时间等。

要确保在录入信息时不会录入错误信息，对某些内容应当设置数据验证。确保多人对此表进行数据维护并保证格式和录入信息的统一，可以通过数据有效性等限制输入。

根据上述情况，建立员工信息表的具体操作如下。

| 实例分析 |　搭建员工信息表的结构

新建一个空白Excel工作簿，将其命名为"员工信息表"，根据前面分析的员工信息表需要包含的项目，依次在工作表的第一行录入，然后选择录入文本的所有单元格，在"开始"选项卡"字体"组和"对齐方式"组中分别设置字体格式和对齐方式，如图6-1所示。

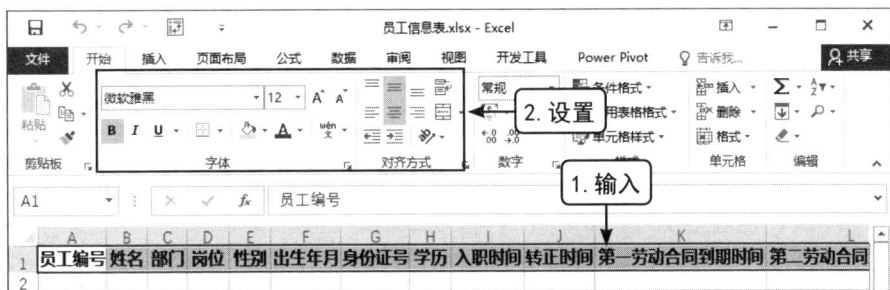

图 6-1 新建空白 Excel 工作簿

在该工作簿中新建"序列"工作表，在其中录入公司的部门和岗位信息，选择A1:A10的部门信息单元格，在名称框中输入"部门名称"文本，按【Enter】键定义名称，如图6-2所示。

选择包含部门名称和岗位名称的所有单元格，按【Ctrl+G】组合键，在打开的对话框中单击"定位条件"按钮，在打开的"定位条件"对话框中选中"常量"单选按钮后单击"确定"按钮，如图6-3所示。

图 6-2 新建"序列"工作表

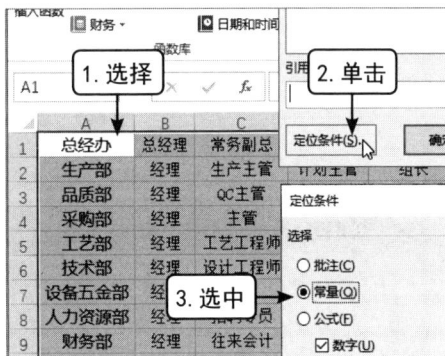

图 6-3 设置定位条件

返回工作表单击"公式"选项卡"定义的名称"组中的"根据所选内容创建"按钮，在打开的对话框中选中"最左列"复选框，单击"确定"按钮，如图6-4所示。

切换到员工信息表，选择C2:C300单元格，在"数据"选项卡"数据工具"组中单击"数据验证"按钮，在打开的"数据验证"对话框的"允许"下拉列表框中选择"序列"选项，在"来源"参数框中输入"=部门名称"并保存，如图6-5所示。同样地选择D5:D300单元格，在打开的"数据验证"

对话框中的"允许"下拉列表框中选择"序列"选项，在"来源"参数框中
输入"=INDIRECT(C2)"并保存。

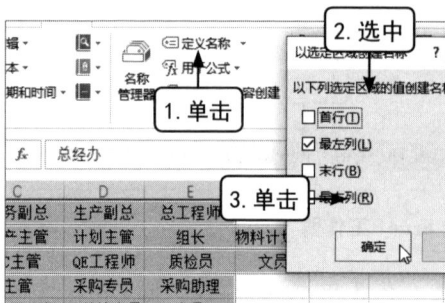

图 6-4　定义名称

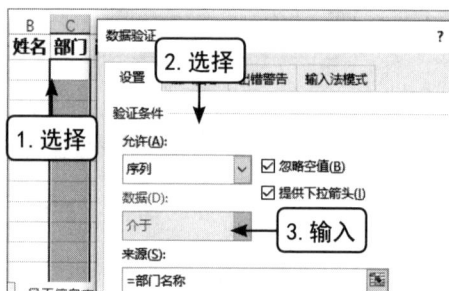

图 6-5　设置数据验证参数

返回工作表，选择部门后，即可选择对应部门的岗位，如图6-6所示，即
可完成二级下拉菜单的制作。

图 6-6　制作二级下拉菜单

💡 **知识延伸｜INDIRECT()函数说明**

　　INDIRECT()函数用于返回由文本字符串指定的引用，对引用进行计算，并显示
其内容。其语法结构为：INDIRECT(ref_text,[a1])，其中ref_text为对单元格的引用，
[a1]为一逻辑值，指明包含在单元格ref_text中的引用的类型，可省略。

6.1.2　制作差旅费报销单

　　差旅费报销单对于员工需要经常出差的企业来说是十分重要的，规范的
差旅费报销单能够方便出差人员的报销工作，也能够提升报销的效率，因此
制作规范的差旅费报销单十分有必要。

　　要制作差旅费报销单，首先需要分析其具体应当包括哪些内容。根据对
出差工作分析，差旅费报销单通常包括填表日期、出差人信息、出差相关信息、

交通住宿费用、补助费用以及报销费用结算等内容。

下面来看制作差旅费报销单的具体方法。

| 实例分析 | 制作并完善差旅费报销单的信息

新建一个空白Excel工作簿，将其命名为"差旅费报销单"，根据前面分析的员工信息搭建其主要结构，并设置相应的格式，其效果如图6-7所示。

图6-7　制作差旅费报销单表格

选择D2单元格，输入"=TODAY()"获取当前日期数据，如图6-8左图所示，选择Q5单元格输入"=IF(AND(G5<>"",L5<>""),DATEDIF(G5,L5,"D")+1,"")"公式计算员工的出差时间，如图6-8右图所示。

图6-8　获取当前日期数据并计算员工出差时间

下方的"小计"行都是对上方5个单元格数据进行求和，以"票据张数”小计为例，直接选择F13单元格输入“=SUM(F8:G12)”公式进行计算即可，如图6-9所示。

而对应的出差补助费金额则是对应的天数数据与标准的乘积，直接选择R8:R12单元格区域，在编辑栏输入“=O8*P8”公式，按【Ctrl+Enter】组合键计算即可，如图6-10所示。

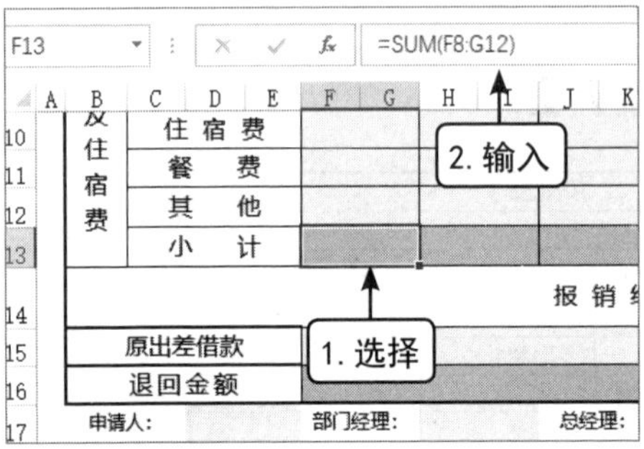

图6-9 计算票据张数

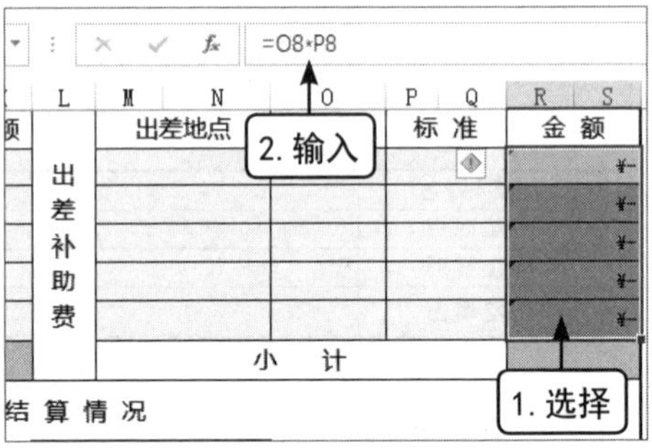

图6-10 计算出差补助费金额

下方的“报销金额”就是核准金额小计与出差补助费小计之和，如果报销金额>原出差借款，就存在补发金额，用“=IF(O15>=F15,O15−F15,0)”公式计算；如果报销金额<原出差借款，就存在退回金额，用“=IF(O15<F15,F15−O15,0)”公式判断。看填写数据后的差旅费报销单，如图6-11所示。

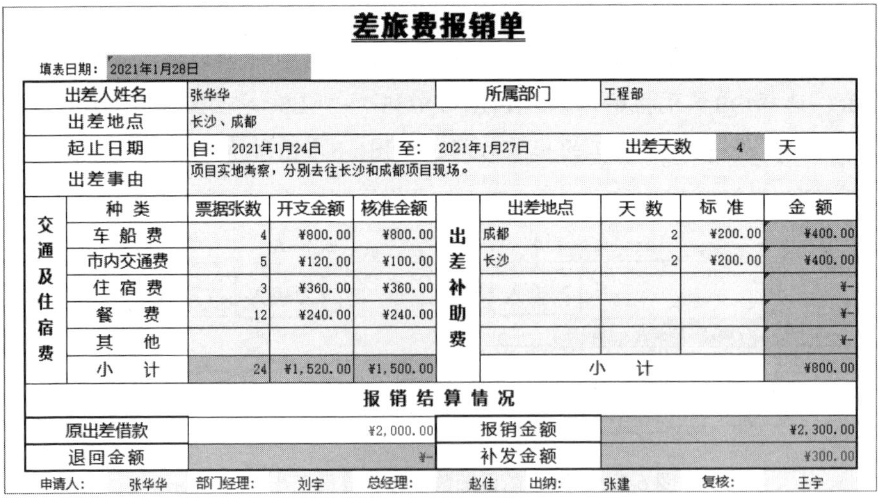

差旅费报销单

填表日期：2021年1月28日

出差人姓名	张华华			所属部门	工程部			
出差地点	长沙、成都							
起止日期	自：2021年1月24日			至：2021年1月27日		出差天数	4	天
出差事由	项目实地考察，分别去往长沙和成都项目现场。							
交通及住宿费 种类	票据张数	开支金额	核准金额	出差补助费	出差地点	天数	标准	金额
车船费	4	¥800.00	¥800.00		成都	2	¥200.00	¥400.00
市内交通费	5	¥120.00	¥100.00		长沙	2	¥200.00	¥400.00
住宿费	3	¥360.00	¥360.00					¥-
餐费	12	¥240.00	¥240.00					¥-
其他								¥-
小计	24	¥1,520.00	¥1,500.00		小计			¥800.00
报销结算情况								
原出差借款			¥2,000.00	报销金额				¥2,300.00
退回金额			¥-	补发金额				¥300.00

申请人：张华华 部门经理：刘宇 总经理：赵佳 出纳：张建 复核：王宇

图6-11 填写数据后的差旅费报销单

知识延伸 | TODAY()、IF()、DATEIF()、SUM()函数说明

TODAY()用于返回当前日期，没有参数。

IF()函数是条件判断函数，其语法结构为：IF(logical_test,value_if_true,value_if_false)，其中，第一个参数为计算结果为TRUE或FALSE的任意值或表达式；第二个参数为第一个参数返回值为TRUE时的返回值；第二个参数为第一个参数返回值为FALSE时的返回值。

DATEDIF()函数用于返回两个日期之间的年、月、日间隔数，其语法结构为：DATEDIF(start_date,end_date,unit)，其中，start_date为起始日期；end_date为结束日期；unit为所需信息的返回类型。

SUM()函数是求和函数，语法结构为：SUM(number1,[number2],...)，number1为必须参数，是要相加的第一个数字，参数最多指定255个。

6.2 人员面试数据的加工处理

通过招聘为企业找到合适的人才是 HR 的重要工作，面试结束后则需要对大量的成绩数据进行处理。这就要求 HR 掌握一定的方法，从而高效处理面试数据。

6.2.1 统计面试人员总数

要统计面试人员总数，通常需要制作面试人员信息表，通过该表即可直观了解面试人员总数。面试人员信息表通常是由求职人员发送的简历或是在应聘公司填写的信息表统计而成。

面试人员信息表通常包括求职者的姓名、性别、年龄、身份证号码以及联系方式等基本信息。

下面具体来看面试人员信息表的制作方法。

| 实例分析 | 面试人员信息表的制作

新建一个空白Excel工作簿，将其命名为"面试人员信息表"，根据前面分析的面试人员信息在B2:H2单元格区域输入对应的表头数据，然后录入相应的面试人员信息，如图6-12所示。

图 6-12　制作面试人员信息表并记录信息

选择B2:H14单元格区域，单击"边框"按钮右侧的下拉按钮，在弹出的下拉菜单中选择"其他边框"命令，如图6-13所示。

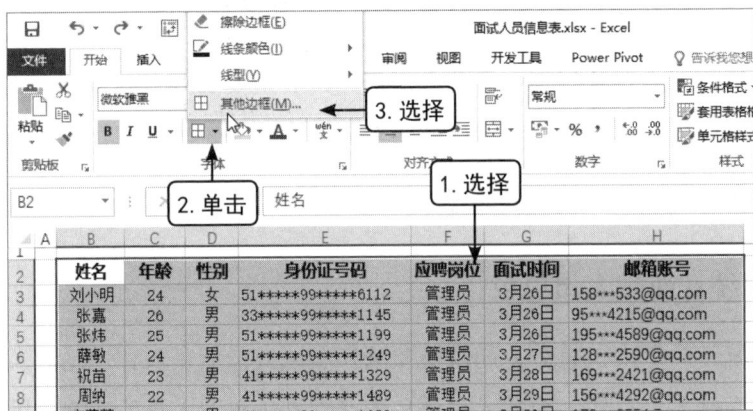

图 6-13　选择"其他边框"命令

在打开的对话框中的"样式"栏中选择一种边框样式，单击"预设"栏中的"外边框"按钮设置外边框样式，如图6-14左图所示；用同样的方法选择另一种边框样式，在"预设"栏中单击"内部"按钮设置内部框线的样式，如图6-14右图所示。

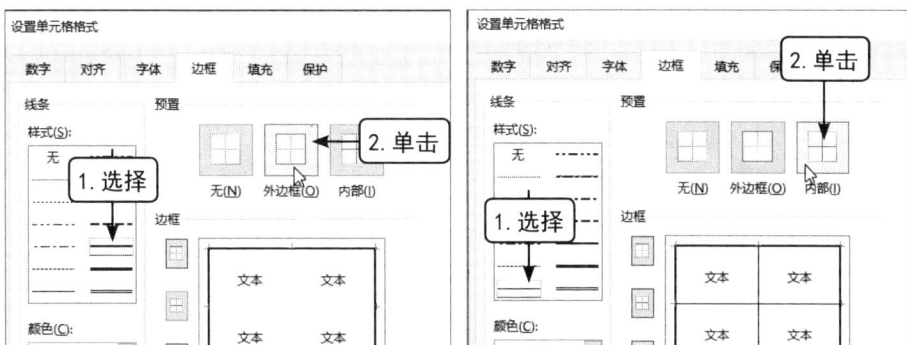

图 6-14　设置边框样式

6.2.2　将面试结果转化为文字表达

对应聘人员进行综合测评，也就是根据其各项成绩来决定是否进行复试、试用或录用。不过这并不需要我们手动进行成绩计算，然后再根据录用与否的标准进行判断。作为HR，此时可以借助于逻辑函数，让其进行自动评估，从而实现一劳永逸。

在设计面试评定结果表时，一定要注意函数的正确使用，才能确保评判结果的正确性，这里主要使用IF()函数判定应聘人员是否被录取，要注意函数参数的设置是否合理。

下面以在面试评定结果表中录入面试者的信息和面试成绩，然后计算面试总成绩，将面试成绩超过 30 分的标记出来，进入下一轮面试。

| 实例分析 | 将通过此次面试的应聘者标识出来

打开"面试评定结果表"工作簿和上一个实例分析制作的"面试人员信息表"工作簿，在"面试评定结果表"中的B3单元格中输入"="，切换到"面试人员信息表"工作簿，选择B3单元格，然后切换回"面试评定结果表"工作簿，将引用信息改为相对引用"=[面试人员信息表.xlsx]Sheet1!B3"，如图6-15所示，然后按【Ctrl+Enter】键引用数据。

图 6-15　为单元格引用数据

拖动B3单元格有尖角的填充柄，分别向下和向右填充面试者的姓名、年龄和性别信息。然后分别输入各个面试者的面试成绩，选择I3:I14单元格区域，在编辑栏中输入"=SUM(E3:H3)"公式，按【Ctrl+Enter】键分别计算各面试者的总成绩，如图6-16所示。

选择J3:J14单元格区域，在编辑栏中输入"=IF(I3>30,"合格","")"公式，按【Ctrl+Enter】键标识出合格的应聘者，如图6-17所示。

图 6-16　计算各面试者的总成绩

图 6-17　标识出合格的应聘者

完成操作后即可查看最终合格的面试者，如图6-18所示。

	姓名	年龄	性别	个人形象	沟通协作	心理素质	专业技能	总分	评定等级
2									
3	刘小明	24	女	6	6	6	9	27	
4	张嘉	26	男	7	9	4	7	27	
5	张炜	25	男	8	7	6	8	29	
6	薛敬	24	男	6	8	7	6	27	
7	祝苗	23	男	9	6	9	9	33	合格
8	周纳	22	男	7	9	5	7	28	
9	李菊芳	26	男	8	7	9	9	33	合格
10	赵磊	24	男	6	6	7	7	26	
11	王涛	25	男	9	9	8	6	32	合格
12	刘仪伟	24	男	7	8	9	6	30	

图 6-18　标识合格面试者的最终效果

6.2.3　一键录入考评结果

在面试过程中，需要快速对应聘者的各种能力进行评价，但有时手动录入文字比较缓慢（如"优秀""良好""一般"或"差"等），影响面试进度。其实这种评定（评分）方式，并不需要我们手动录入，可以通过相应的按键实现，如按【1】键给出"优秀"评价，按【2】键给出"良好"评价等。

在 Excel 中没有这样的默认功能，需要用户进行手动设置。作为一名优秀的 HR，这个技巧非常值得掌握，这里主要涉及了 Excel 中的数据更正功能，使用该功能即可实现数据一键录入。

下面以在"面试评价表"素材文件中分别制定四个数字键【1】、【2】、【3】和【4】，代替"优秀""良好""一般"和"较差"，实现评定结果的快速输入为例，来讲解相关操作。

│ **实例分析** │ **快速录入对员工的评价**

打开"面试评价表"工作簿，单击"文件"选项卡，在打开的界面中单击"选项"按钮，如图6-19所示。在打开的"Excel选项"对话框中单击"校对"选项卡，单击"自动更正选项"按钮，如图6-20所示。

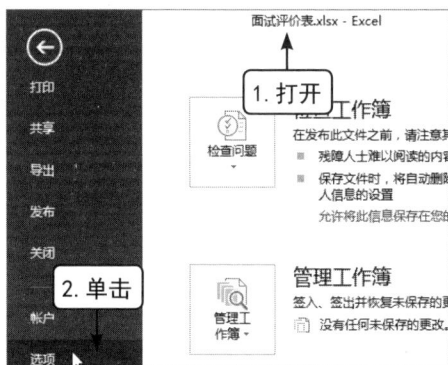

图 6-19　单击"选项"选项卡　　　　图 6-20　单击"自动更正选项"按钮

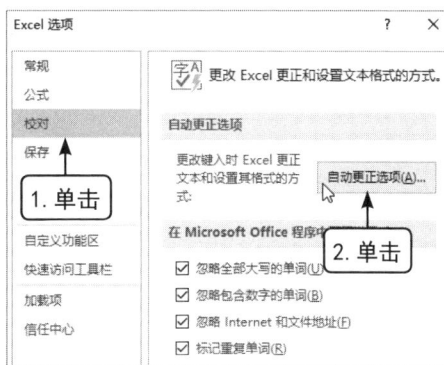

在打开的"自动更正"对话框中的"替换"文本框中输入"1"，在"为"文本框中输入"优秀"文本，单击"添加"按钮，如图6-21所示。

图 6-21　添加更正规则

　　用同样的方法，将"2""3""4"对应的"良好""一般""较差"进行添加，并保存。返回到工作表中，在B3单元格中输入"1"，单击B4单元格，即可查看B3单元格的内容变为了"优秀"，如图6-22所示。

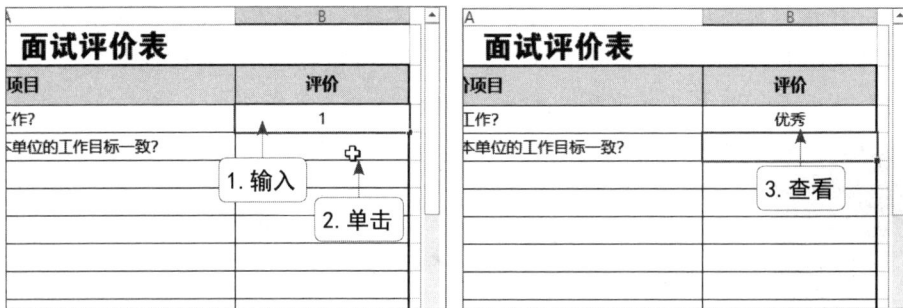

图 6-22　面试评价表操作结果

6.3　薪酬数据的整理

　　薪酬对于员工来说十分重要，对企业来说同样重要，员工的工资是企业的一项重要开支，因此 HR 在核算员工工资的时候要注意避免出现错误，给企业造成不良影响或是损失。

6.3.1 计算员工的个人所得税和实付工资

前面章节在介绍个人所得税时，对个人所得税的税率等知识进行了具体介绍，还介绍了手动计算个税的方法。

但是，Excel 是一个计算功能强大的工具，能够高效进行数据计算和数据处理，方便快捷。

下面通过 Excel 快速计算员工应缴纳的个税和实付工资。

| 实例分析 | 快速计算个税和实付员工工资

打开“2021年3月工资表”工作簿，选择J3:J38单元格区域，在编辑栏中输入个税计算公式“=ROUND(MAX((I3−5000)*{0.03,0.1,0.2,0.25,0.3,0.35,0.45}−{0,210,1410,2660,4410,7160,15160},0),2)”，按【Ctrl+Enter】组合键即可计算出员工应缴纳个税金额，如图6-23所示。

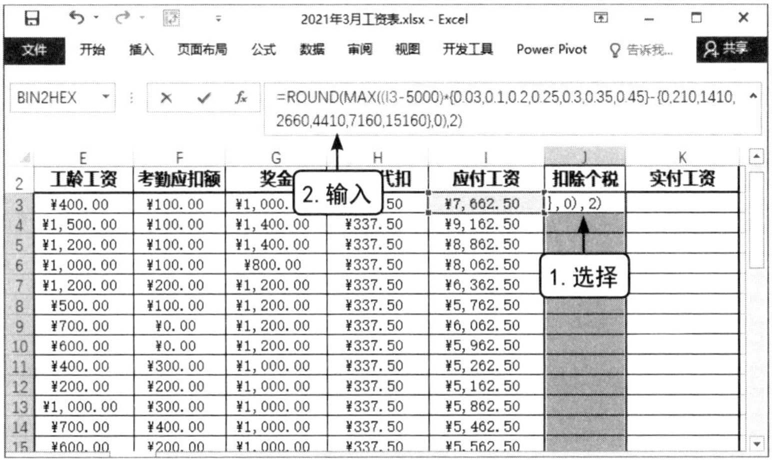

	E	F	G	H	I	J	K
2	工龄工资	考勤应扣额	奖金	代扣	应付工资	扣除个税	实付工资
3	¥400.00	¥100.00	¥1,000.	50	¥7,662.50	},0),2)	
4	¥1,500.00	¥100.00	¥1,400.00	¥337.50	¥9,162.50		
5	¥1,200.00	¥100.00	¥1,400.00	¥337.50	¥8,862.50		
6	¥1,000.00	¥100.00	¥800.00	¥337.50	¥8,062.50		
7	¥1,200.00	¥200.00	¥1,200.00	¥337.50	¥6,362.50		
8	¥500.00	¥100.00	¥1,200.00	¥337.50	¥5,762.50		
9	¥700.00	¥0.00	¥1,200.00	¥337.50	¥6,062.50		
10	¥600.00	¥0.00	¥1,200.00	¥337.50	¥5,962.50		
11	¥400.00	¥300.00	¥1,000.00	¥337.50	¥5,262.50		
12	¥200.00	¥200.00	¥1,000.00	¥337.50	¥5,162.50		
13	¥1,000.00	¥300.00	¥1,000.00	¥337.50	¥5,862.50		
14	¥700.00	¥400.00	¥1,000.00	¥337.50	¥5,462.50		
15	¥600.00	¥200.00	¥1,000.00	¥337.50	¥5,562.50		

图 6-23 计算员工应缴纳个税金额

选择K3:K38单元格区域，在编辑栏中输入实付工资计算公式“=I3−J3”，按【Ctrl+Enter】组合键即可计算出实付工资，如图6-24所示。

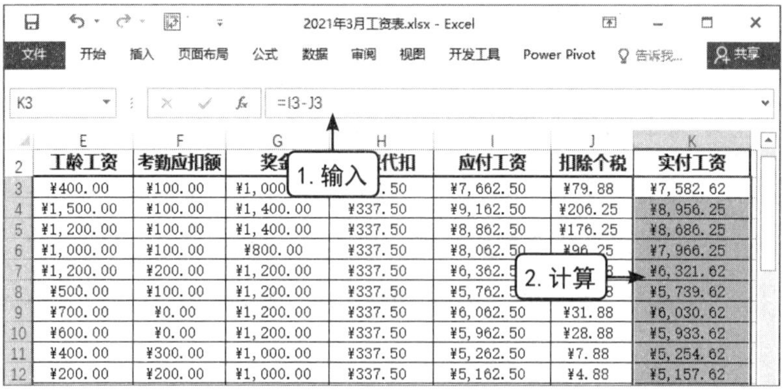

	E	F	G	H	I	J	K
2	工龄工资	考勤应扣额	奖金	代扣	应付工资	扣除个税	实付工资
3	¥400.00	¥100.00	¥1,000	.50	¥7,662.50	¥79.88	¥7,582.62
4	¥1,500.00	¥100.00	¥1,400.00	¥337.50	¥9,162.50	¥206.25	¥8,956.25
5	¥1,200.00	¥100.00	¥1,400.00	¥337.50	¥8,862.50	¥176.25	¥8,686.25
6	¥1,000.00	¥100.00	¥800.00	¥337.50	¥8,062.50	¥96.25	¥7,966.25
7	¥1,200.00	¥200.00	¥1,200.00	¥337.50	¥6,362.5	8	¥6,321.62
8	¥500.00	¥100.00	¥1,200.00	¥337.50	¥5,762.5	8	¥5,739.62
9	¥700.00	¥0.00	¥1,200.00	¥337.50	¥6,062.50	¥31.88	¥6,030.62
10	¥600.00	¥0.00	¥1,200.00	¥337.50	¥5,962.50	¥28.88	¥5,933.62
11	¥400.00	¥300.00	¥1,000.00	¥337.50	¥5,262.50	¥7.88	¥5,254.62
12	¥200.00	¥200.00	¥1,000.00	¥337.50	¥5,162.50	¥4.88	¥5,157.62

图 6-24　计算员工的实付工资

知识延伸 | ROUND()和MAX()函数说明

ROUND()函数返回一个数值，该数值是按照指定的小数位数进行四舍五入运算的结果。其语法格式为：ROUND(number,num_digits)，其中，number表示需要进行四舍五入的数字；num_digits表示指定的位数（可为负，为负时，向小数点前四舍五入），按此位数进行四舍五入。

MAX()函数用于求向量或者矩阵的最大元素，或几个指定值中的最大值，其语法结构为：MAX(number1,number2,...)，如果参数不包含数字，那么MAX()函数的返回值为0。

本例中用于计算个税的公式“=ROUND(MAX((I3−5000)*{0.03,0.1,0.2,0.25,0.3,0.35,0.45}−{0,210,1410,2660,4410,7160,15160},0),2)”，可以结合前面章节的税率表和计算方法进行理解。当个人收入超过 5 000 元时，计算超出部分与每一档税率的乘积减去对应速算扣除数，再用 MAX() 函数求其中的最大值，再通过 ROUND() 函数进行四舍五入，ROUND（……,2）则表示保留小数点后两位。

6.3.2　工资条的制作

工资条通常是在工资计算和核算完成以后，将员工个人的工资明细分别发送给员工进行确认时使用的，HR 需要掌握工资条制作的方法。

下面具体介绍根据工资表制作员工工资条。

| 实例分析 | 在工资表基础上制作工资条

打开"工资条制作"工作簿，单击"新工作表"按钮新建"工资表"工作表。如图6-25左图所示。切换到"工资条"工作表，选择A1单元格，在编辑栏输入"=IF(MOD(ROW(),3)=0,"",IF(MOD(ROW(),3)=1,'工资表'!A\$2,INDEX('工资表'!A:A,INT(ROW()/3+3),)))"公式，按【Ctrl+Enter】组合键进行计算。如图6-25右图所示。

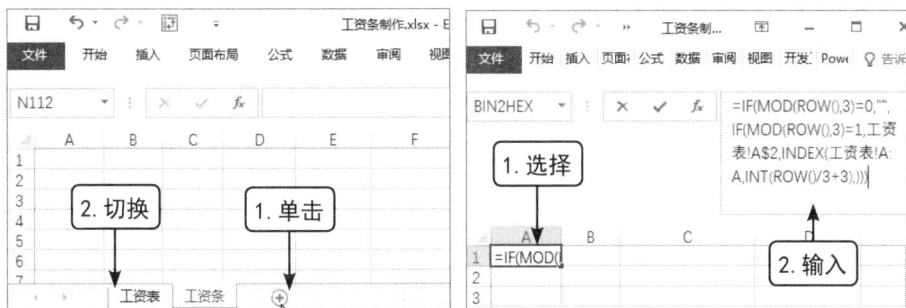

图 6-25 为"工资条"工作表引用数据

向右填充公式至K1单元格，向下填充公式至最后一条数据为止，完成后对数据设置样式，同时设置字体格式。最终效果如图6-26所示。

图 6-26 制作工资条的最终效果

知识延伸 | MOD()、ROW()、INDEX()和INT()函数说明

MOD()函数是一个求余函数，其语法结构为：MOD(number,divisor)，其中，number 为被除数；divisor 为除数。该函数返回结果的符号与除数divisor的符号相同，如果divisor 为0，则MOD()函数直接返回number。

ROW()函数是用来确定光标的当前行位置的函数，其语法结构为：ROW(reference)，其中，reference为需要得到其行号的单元格或单元格区域。

INDEX()函数是返回表或区域中的值或值的引用。其语法结构为：INDEX(array, row_num,[column_num])，其中，array表示要引用的区域；row_num表示要引用的行数；column_num表示要引用的列数，最终结果就是引用出区域内行列交叉处的内容。

INT()函数用于将数字向下舍入到最接近的整数，其语法结构为：INT(number)，其中number是需要进行向下舍入取整的实数。

6.4 员工档案数据的处理

前面介绍了员工信息表的结构搭建操作，通过员工信息表即可记录员工的档案信息。然而 HR 在录入员工数据时如果只通过手动录入，不仅效率低，而且容易出错，这就要求 HR 掌握员工档案数据的相关处理方法。

6.4.1 从身份证号码中提取出生年月和性别

通常在统计员工信息时，为了提高效率则只会统计员工的身份证号码，而不统计员工性别和出生日期，这是因为这些信息都可以从身份证号码中直接获取。

根据身份证号码的构成规则，可以从其中获取出生日期和性别。身份证号码第 7 ～ 14 位表示出生年月日，第 17 位表示性别，单数为男性，双数则为女性。

知识延伸 | 身份证号码输入注意事项

　　身份证号码的输入是有一定技巧的，如果不进行任何设置直接输入，例如输入"510258198702081569"，就会显示"5.1E+17"，在编辑栏中会发现显示为"510258198702081000"。这是因为输入超过12位时，Excel会自动转换为科学计数；如果超过15位，则超过的部分会被转换为"0"。

　　所以用户在输入时可以先将单元格设置为文本格式；或是输入前在单元格中输入一个半角的引号，即可正确显示。

　　下面具体来看通过身份证号码获取出生年月和性别的操作。

| 实例分析 | 通过公式获取员工的出生年月和性别

　　打开已经录入好员工身份证号码数据的员工信息表"员工信息表1"工作簿，选择F2单元格，在编辑栏中输入公式"=IF(G2="","",--TEXT(MID(G2,7,8),"#-00-00"))"，按【Ctrl+Enter】组合键获取员工的出生年月，如图6-27所示。然后双击该单元格右下角的填充柄向下填充公式进行计算，最后将该列数字格式设置为长日期。

　　选择E2单元格，在编辑栏中输入"=IF(G2="","",IF(MOD(MID(G2,17,1),2),"男","女"))"，按【Ctrl+Enter】组合键提取性别，如图6-28所示。同样的，双击该单元格右下角的填充柄向下填充公式进行计算。

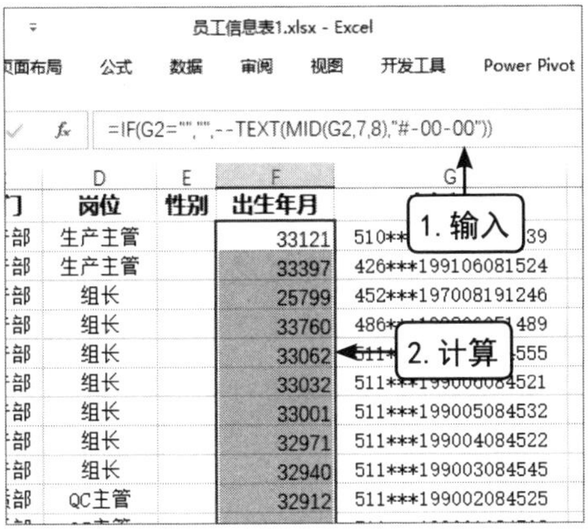

图 6-27　获取员工的出生年月

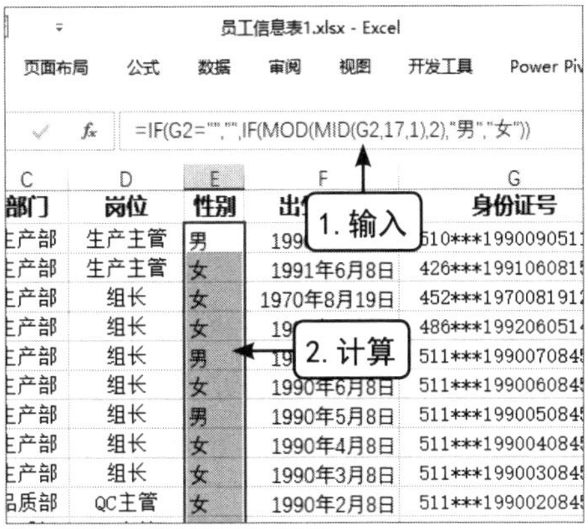

图 6-28　提取员工的性别信息

> **知识延伸** 身份证号码输入注意事项
>
> MID()函数的作用是从一个字符串中截取出指定数量的字符，其语法结构：MID(text,start_num,num_chars)，text代表一个文本字符串；start_num表示指定的起始位置；num_chars表示要截取的数目。则上例中"MID(G2,7,8)"则表示，从第7位开始截取G2单元格中的数据，截取8位。
>
> TEXT()函数可将数值转换为文本，并可使用户通过使用特殊格式字符串指定显示格式，其语法结构为：TEXT(value,format_text)，value用于指定需要转换为文本数据的数值数据；format_text用于指定需要将数值数据转换为某种文本格式。

6.4.2 为没有填写完整的员工信息填充底色

员工信息表的信息通常都是有用的，因此要求内容填写完整，但有时因为各种原因导致漏填，导致信息不完整。

要解决这个问题，可以通过填充颜色的方式将没有填写完整的数据记录整行填充底色。这样，只要该行任意单元格处于窗口可视区域，就可以知道该行是否有信息没有填写了。

下面通过案例进行具体介绍。

| 实例分析 | 将信息未完整填写的数据整行突出

打开"员工信息表2"工作簿，选择A2:M25单元格区域，单击"样式"组中的"条件格式"下拉按钮，在弹出的下拉菜单中选择"新建规则"命令，如图6-29所示。

在打开的对话框的列表框中选择"使用公式确定要设置格式的单元格"选项，在下方的文本框中输入"=OR($A2:$M2="")"，单击"格式"按钮，在打开的对话框中选择填充颜色，依次单击"确定"按钮即可将未填写完整的数据项突出显示，如图6-30所示。

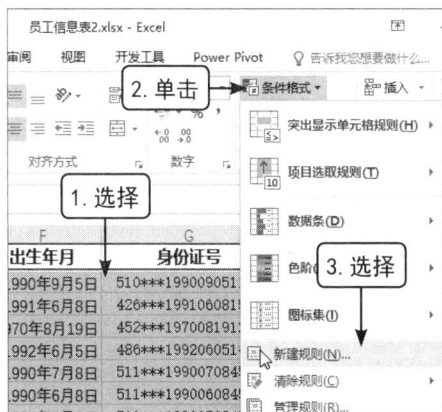

图 6-29 选择"新建规则"命令　　　图 6-30 设置条件格式规则

完成设置后，即可查看突出效果，如图6-31所示。

	A	B	C	D	E	F	G	H	I
1	员工编号	姓名	部门	岗位	性别	出生年月	身份证号	学历	入职时间
2	GT00001	张齐	生产部	生产主管	男	1990年9月5日	510***199009051139	本科	2016年4月20日
3	GT00002	薛敏	生产部		女	1991年6月8日	426***199106081524	硕士	2016年4月21日
4	GT00003	杨晓莲	生产部	组长	女	1970年8月19日	452***197008191246	硕士	2016年4月22日
5	GT00004	康新如	生产部	组长	女	1992年6月5日	486***199206051489	学士	2016年4月23日
6	GT00005	钟莹	生产部	组长	男	1990年7月8日	511***199007084555		2016年4月24日
7	GT00006	曹密	生产部	组长	女	1990年6月8日	511***199006084521	硕士	2016年4月25日
8	GT00007	祝苗	生产部	组长	男	1990年5月8日	511***199005084532	学士	2016年4月26日
9	GT00008	马英	生产部	组长	男	1990年4月8日	511***199004084522	博士	2016年4月27日
10	GT00009	胡艳	生产部	组长	女	1990年3月8日	511***199003084545	学士	2016年4月28日
11	GT00010	李聃	品质部	QC主管	女	1990年2月8日	511***199002084525	学士	2016年4月29日
12	GT00011	张炜	品质部	QC主管	女	1990年1月8日	511***199001084563	博士	2016年4月30日

图 6-31 突出显示效果

6.4.3 员工生日信息维护

公司在员工生日时给员工送上生日祝福和生日礼物，或是在员工生日的时候组织公司其他员工为其举办庆生会，是体现公司对员工关怀的一项手段。

这就要求 HR 能够快速统计出指定时期内过生日的员工信息，下面具体介绍使用筛选的方法统计生日在 6 月的员工信息。

| 实例分析 | 通过筛选的方法统计6月过生日的员工

打开"员工信息表3"工作簿，选择任意数据单元格，按【Ctrl+Shift+L】组合键进入筛选状态，单击F1单元格右下角下拉按钮，在打开的面板中的搜索框中输入"六月"文本，单击"确定"按钮，如图6-32所示。

单击M1单元格右下角下拉按钮，在打开的面板中仅选中"-"复选框，单击"确定"按钮筛选出员工的在职情况，如图6-33所示。

图 6-32　进入筛选状态	图 6-33　设置筛选条件

新建"6月生日"工作表，将筛选出的数据粘贴到该工作表，即可查看公司内部所有生日在6月的员工信息，如图6-34所示。

图 6-34　复制粘贴出筛选出的数据

6.5　员工学历分析

HR 在实际工作中不仅需要统计员工信息，有时还需要对信息进行分析。这就要求 HR 掌握一定的数据分析技能。

6.5.1 统计相关人员总数

为了分析企业未来的发展方向，企业需要统计公司员工中本科和硕士学历人数以及高中和大专学历的人数。

要统计的对象的格式是文本，可以使用 FREQUENCY() 函数，但该函数不支持文本型参数，因此需要先将其转换为其他该函数支持的数据类型，例如可以先将文本型数据转换为逻辑值，再把逻辑值作为 FREQUENCY() 函数的参数，就可以得到想要的结果了。

下面具体介绍统计员工学历的方法。

| 实例分析 | 分别统计本科以上及以下学历的总人数

打开"员工档案表"工作簿，选择E15:E16单元格区域，在编辑栏输入"=FREQUENCY(($D$3:$D$13<>"高中")*($D$3:$D$13<>"专科"),0)"公式，按【Ctrl+Shift+Enter】组合键即可分别统计出本科以上和本科以下学历人数，如图6-35所示。

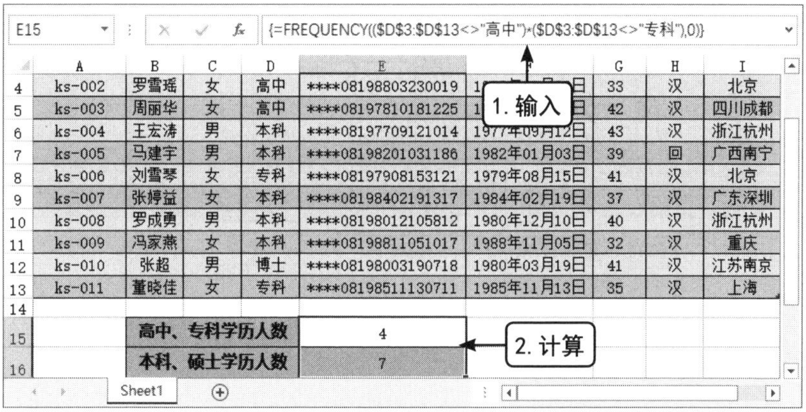

图 6-35　统计出本科以上和本科以下学历人数

在上述示例的"=FREQUENCY(($D$3:$D$13<>"高中")*($D$3:$D$13<>"专科"),0)"公式中，"$D$3:$D$13<>"高中""公式用于判断高中以上的学历，结果返回 TRUE 值和 FALSE 值；"$D$3:$D$13<>"大专""公式用于判断大专以上的学历，结果同样返回 TRUE 值和 FALSE 值。将两个数组相乘，得到包含 0 和 1 的一组数组，最后使用 FREQUENCY() 函数分别返回 0 和 1 在该数组中出现的频率，即本科以下和本科以上学历员工数。

> 💡 **知识延伸｜FREQUENCY()函数说明**
>
> FREQUENCY()函数主要用于计算数值在某个区域内的出现频率，然后返回一个垂直数组，其语法结构为：FREQUENCY(data_array,bins_array)。data_array表示一组数据或单元格区域的引用，要为它计算频率，通俗理解就是需要进行频率统计的数据源；bins_array表示一个区间数组或对区间的引用，该区间用于对data_array中的数值进行分组，通俗理解就是区间分割点。

本例也可以使用 COUNTIF() 函数来计算相应学历的人数，但是需要分两步才能够完成。第一步，在 E15 单元格中输入"=SUM(COUNTIF(D3:D13,{"高中"," 大专 "}))"，统计本科以下学历的员工人数，结果如图 6-36 所示。第二步，用同样的方法统计本科学历以上人数即可。

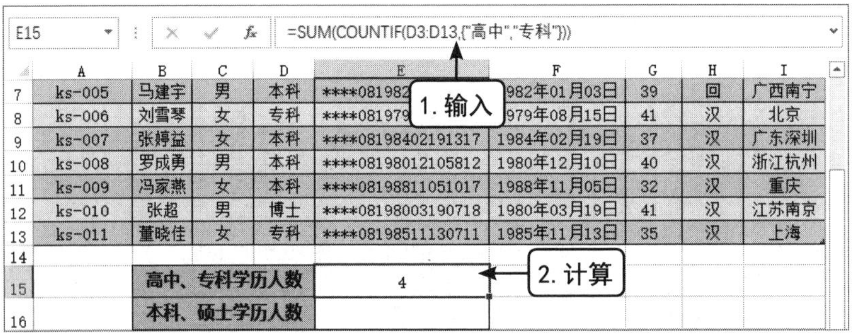

图 6-36　分步统计出本科以下学历人数和本科以上学历人数

> 💡 **知识延伸｜COUNTIF()函数说明**
>
> COUNTIF()函数用于对指定区域中符合指定条件的单元格计数，其语法结构为：COUNTIF(range,criteria)，range表示要计算其中非空单元格数目的区域；criteria表示以数字、表达式或文本形式定义的条件。

6.5.2 统计各学历层次的员工总数

合理的员工构成有助于提升公司工作效率、降低企业运行成本。这就需要统计出各个学历的员工人数，以分析企业的员工构架是否合理。

由于各学历名称的第一个字不同，因此可以使用 CODE() 函数将其转换为编码，使用该编码作为学历的代码，再进行统计。

下面具体介绍统计各个学历员工人数的方法。

| 实例分析 | 统计公司学历构成情况

打开"员工档案表1"工作簿，选择E16:E20单元格区域，在编辑栏输入"=FREQUENCY(CODE($D$3:$D$13),CODE($D$16:$D$20))"公式，按【Ctrl+Shift+Enter】组合键即可统计各学历员工数，如图6-37所示。

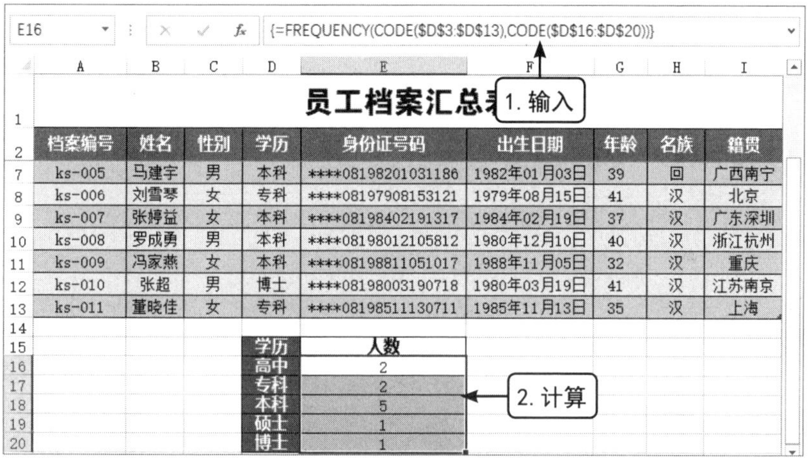

图 6-37 统计出各学历员工数

上 述 示 例 中 的 "=FREQUENCY(CODE($D$3:$D$13),CODE($D$16:$D$20))"公式中，"CODE($D$3:$D$13)"函数用于将员工学历文本的第一个字符返回数字代码，"CODE($D$16:$D$20)"函数用于将所有学历文本的第一个字符返回数字代码。

然后使用 FREQUENCY() 函数分别求取各学历数字代码在员工学历数字代码中出现的频率，即各学历的员工人数。

因为 CODE() 函数只能够将字符串的第一个字符转换为编码，所以这种统计文本频率的方法只适用于像本例中首字符不相同的文本。若首字符出现相同的情况，则可以使用通用公式 "=FREQUENCY(LOOKUP(D3:D13,{" 本科 "," 博士 "," 大专 "," 高中 "," 硕士 "},{3,5,2,1,4}),{1,2,3,4,5})" 进行计算。

> **知识延伸** | CODE()函数说明
>
> CODE()函数用于返回文本字符串中第一个字符的数字代码，返回的代码对应于计算机当前使用的字符集。其语法结构为：CODE(text)。该函数只有一个text参数，用于指定要为其获取第一个字符的代码的文本。

第7章

HR 必会的数据分析操作

　　HR 日常的工作量较大，需要处理的数据也较多，因此需要掌握一些简单的数据处理方法，不仅能够提升工作效率，还能确保数据处理的正确性，提升工作质量。

自动标识年度考勤项的最大值

利用数据条比较各员工的考核成绩

利用图标集分析员工考核成绩

计算总成绩排前三的平均成绩

7.1　考勤数据分析

考勤通常是所有公司都会涉及的，前面章节介绍了考勤的相关知识，对 HR 考勤数据的分析也是十分重要的。通过考勤分析能够了解到公司员工的出勤状况。

7.1.1　自动标识年度考勤项的最大值

在完成对年度考勤数据的统计后，通常还不能直接交给别人查看，还需要对其进行处理，可以将其中每项的最大值标识出来，方便其他人员快速发现表格重点。

设置自动标识年度考勤数据最大值，就不再需要手动地去设置单元格格式来突出单元格，此时就可以使用 Excel 中的条件格式实现自动标识年度考勤项的最大值的要求。

下面介绍具体的操作方法。

| **实例分析** | 自动标识各个缺勤项目的最大值

打开"2020年公司考勤汇总表"文件，选择B3:B18单元格区域，单击"开始"选项卡"样式"组中的"条件格式"下拉按钮，选择"新建规则"命令，如图7-1所示。

在打开对话框的"选择规则类型"列表框中选择"仅对排名靠前或靠后的数值设置格式"选项，在下方的下拉列表框中选择"前"选项，在文本框中输入"1"，单击"格式"按钮，在打开的"设置单元格格式"对话框中设置合适的背景填充色，如图7-2所示。然后依次单击"确定"按钮进行保存即可。

以同样的方法为 C ～ E 列单元格内容设置条件格式。完成条件格式的设置后，即可查看到每列中最大数据被突出显示出来，其最终效果展示如图 7-3 所示。

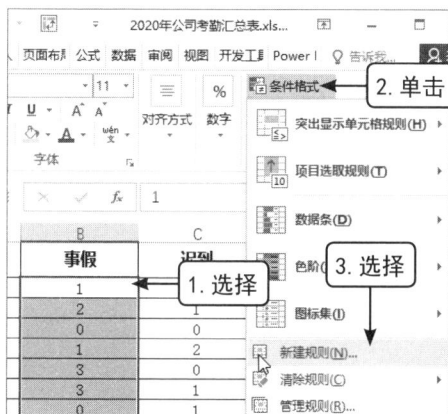

图 7-1　选择"新建规则"命令

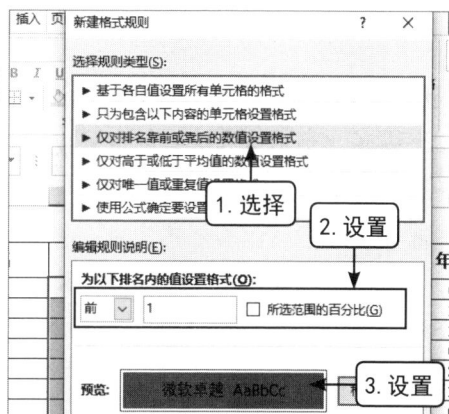

图 7-2　设置条件格式规则

图 7-3　设置完条件格式的最终效果

7.1.2　查询指定员工的缺勤次数

对于员工较多的企业来说，缺勤的员工考勤数据也可能较多，如果需要在大量数据中查找某一个员工的缺勤次数则比较麻烦。

例如某部门员工考核统计表中记录了所有员工的缺勤信息，现在要根据员工姓名查询其缺勤的次数。如果工作表中员工姓名和缺勤次数位于工作表的同一行，所有的员工姓名均位于同一列，则可以直接使用 VLOOKUP() 函数进行查找。

下面通过具体的案例介绍相关操作。

│ 实例分析 │ 快速查找员工缺勤次数

打开"2020年公司考勤汇总表1"工作簿，选择C20单元格，打开"数据验证"对话框，在其中的"允许"下拉列表框中选择"序列"选项，将序列来源设置为A3:A18单元格区域，单击"确定"按钮，如图7-4所示。

选择C21单元格，在编辑栏中输入"=VLOOKUP(C20,$A$2:$F$18,6,FALSE)"公式，按【Ctrl+Enter】组合键获取数据，如图7-5所示。

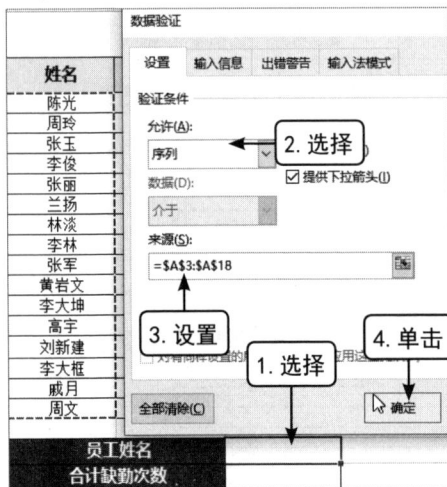

图 7-4　设置数据验证的参数　　　　图 7-5　输入公式获取数据

可以看到C21单元格出现错误值，单击C20单元格的下拉列表选择姓名，在C21单元格中将自动获取与该姓名对应的缺勤次数，其最终效果展示如图7-6所示。

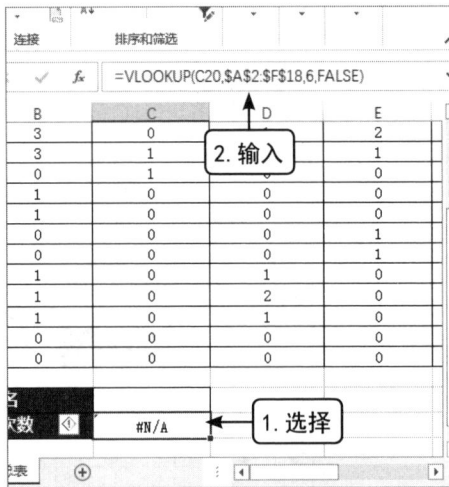

图 7-6　选择姓名自动获取对应的缺勤次数

> **知识延伸 | VLOOKUP()函数说明**
>
> 　　VLOOKUP()函数是一个纵向查找函数，其语法结构为：VLOOKUP(lookup_value,table_array,col_index_num,range_lookup)。其中lookup_value是要查找的值，可以是数值、引用或文本字符串；table_array是要查找的区域，可以是数据表区域；col_index_num是返回数据在查找区域的第几列数，是正整数；range_lookup表示精确匹配/近似匹配，FALSE（或0）/TRUE（或1或不填）。

　　本例中的公式"=VLOOKUP(C20,$A$2:$F$18,6,FALSE)"，表示以 C20 单元格值为查找目标，在 A2:F18 单元格区域精确查找，返回第 6 列的数据，也就是返回缺勤次数。

7.2　员工培训考核数据分析

　　培训工作对企业培养人才来说至关重要，通过培训不仅能提升员工相关方面的技能，还能使新员工快速了解公司，融入集体。下面具体介绍培训考核工作中 HR 可能涉及的数据处理工作和相关技巧。

7.2.1　统计考核总分在 90 分以上的人数

　　面试考核结束后，通常会得到大量的员工考核数据，通过数据并不能直接得出信息，这时就需要对员工考核成绩进行统计分析。

　　人事部通过对培训考核数据的统计得到员工考核成绩表，需要统计面试成绩高于 90 分（包含 90 分）的人数。

　　那么，统计面试成绩高于 90 分的人数是一个带有条件的计数问题，本例中将使用 SUMIF() 函数，通过添加辅助列的方法来汇总。下面通过具体的案例介绍相关操作。

| 实例分析 | 添加辅助列统计成绩高于90分（含）的人数

打开"培训考核成绩表"工作簿，在J3:J18单元格区域添加辅助列（填充数字1），选择I20单元格，在编辑栏输入"=SUMIF(I3:I18,">=90",J3:J18)&" 人""，按【Ctrl+Enter】组合键，即可获取所有培训考核成绩中高于90分（含90分）的人数，如图7-7所示。

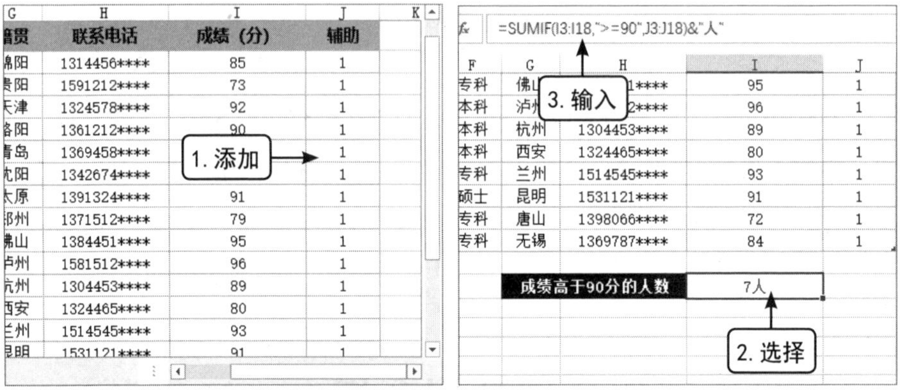

图 7-7　获取所有培训考核成绩中高于 90 分的人数

知识延伸 | SUMIF()函数说明

SUMIF()函数主要是根据指定条件对若干单元格、区域或引用求和。其语法结构为：SUMIF(range,criteria,sum_range)，其中，range为条件区域，用于条件判断的单元格区域；criteria是求和条件，由数字、逻辑表达式等组成的判定条件；sum_range为实际求和区域，可以是需要求和的单元格、区域或引用。

以上案例中的公式"=SUMIF(I3:I18,">=90",J3:J18)&" 人 ""，表示对 I3:I18 单元格区域中的大于等于 90 的数据对应的 J3:J18 单元格区域中的值进行求和，"&"在 Excel 中作连接符使用，"&" 人 ""则表示运算结果与"人"连接显示。

7.2.2　利用数据条比较各员工的考核成绩

在统计员工培训考核成绩后，通常是以数字的方式进行显示，这样不方便了解员工之间的成绩对比情况，也不利于相关人员查看，这时就可以使用Excel中的数据条功能突出显示数据。

下面具体介绍通过数据条展示员工培训考核成绩的相关操作。

| 实例分析 | 通过数据条对比各员工培训成绩

打开"培训考核成绩表1"工作簿，选择I3:I18单元格区域，在"开始"选项卡"样式"组中单击"条件格式"下拉按钮，在弹出的下拉菜单中选择"数据条"命令，在其子菜单的"渐变填充"栏中选择"绿色数据条"命令即可为选择的单元格区域添加带渐变色的数据条，如图7-8所示。

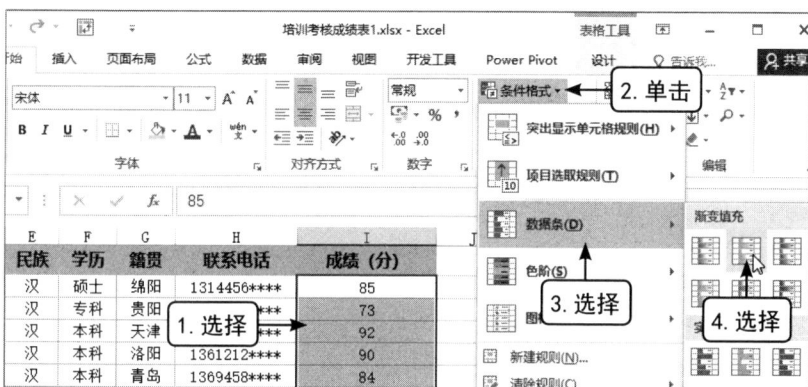

图7-8　为所选单元格区域添加带渐变色的数据条

完成设置后，即可在工作表中查看设置数据条后的效果，所有员工成绩的关系一目了然，如图7-9所示。

图7-9　查看最终效果

> **知识延伸｜** 清除条件格式规则的方法
>
> 　　方法一是单击"条件格式"下拉按钮，选择"清除规则"命令，在其子菜单中选择"清除所选单元格的规则"命令清除所选择的单元格的规则，选择"清除整个工作表的规则"命令清除整个工作表中的规则，如图7-10左图所示。
>
> 　　方法二是在"条件格式"下拉列表中选择"管理规则"命令，在打开的"条件格式规则管理器"对话框的"显示其格式规则"下拉列表框中选择"当前工作表"选项，即可查看工作表中所有规则，在这里也可以进行条件规则的新建、编辑或删除操作，如图7-10右图所示。

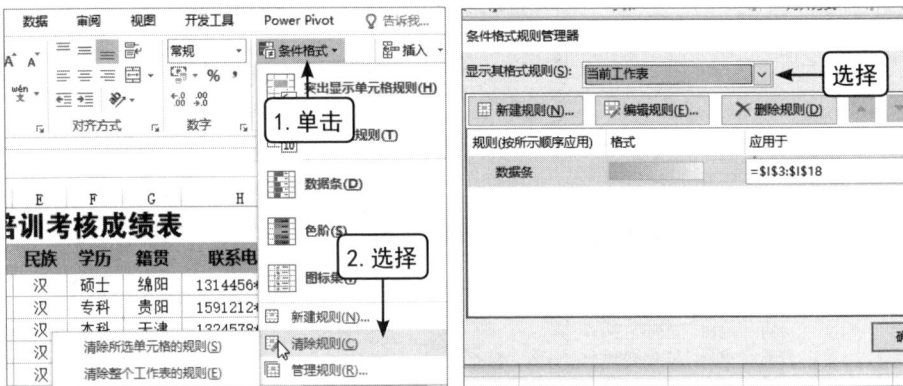

图 7-10　打开条件格式规则管理器

7.2.3　利用图标集分析员工考核成绩

　　图标集和数据条都是条件格式中的数据分析方法，通过图7-9可以发现，数据条虽然可以直观展示各个员工成绩的对比关系，但是无法明确各成绩阶段包含哪些员工成绩，通过图标集则可以较好地实现该目的。

　　下面通过将培训成绩分为四段，分别用不同的图标进行代替展示并隐藏原始数据为例介绍相关操作。

｜ 实例分析 ｜ 通过图标集代替数据进行分段展示

　　打开"培训考核成绩表2"工作簿，选择I3:I18单元格区域，单击"条件格式"下拉按钮，在弹出的下拉菜单中选择"图标集/其他规则"命令。如图7-11所示。

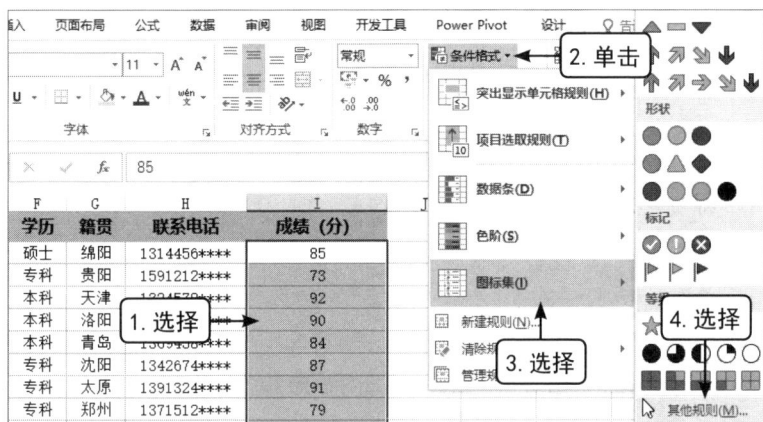

图 7-11 选择"图标集／其他规则"命令

然后在打开的"新建格式规则"对话框中的"编辑规则说明"栏中单击"图标样式"下拉列表框右侧的下拉按钮，选择"四向箭头"选项，如图7-12所示。

在右侧的"类型"栏中都选择"数字"选项，分别在"值"参数框中输入"95""85""75"，选中"仅显示图标"复选框，单击"确定"按钮即可，如图7-13所示。

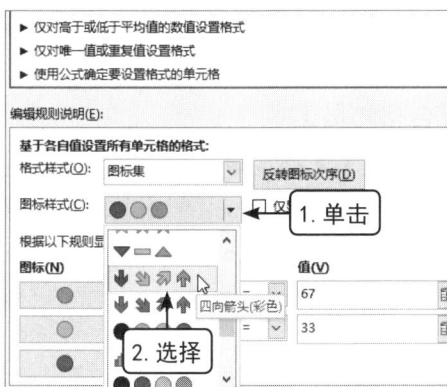

图 7-12 设置单元格格式

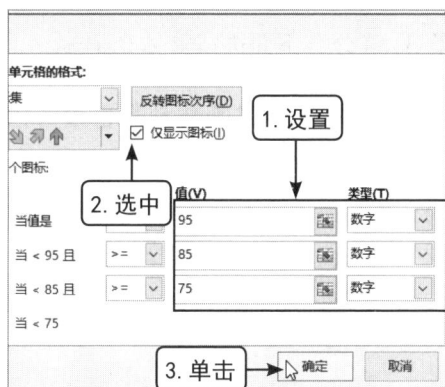

图 7-13 设置条件格式规则

完成图标集的设置后，即可查看到所有员工成绩分段进行了显示，并且隐藏了原始成绩数据，其最终效果展示如图7-14所示。

	A	B	C	D	E	F	G	H	I
2	姓名	部门	岗位	性别	民族	学历	籍贯	联系电话	成绩（分）
3	艾佳	销售部	经理	男	汉	硕士	绵阳	1314456****	↗
4	蒋成军	销售部	销售代表	男	汉	专科	贵阳	1591212****	↓
5	李海峰	销售部	销售代表	男	汉	本科	天津	1324578****	↗
6	钱堆堆	销售部	销售代表	男	汉	本科	洛阳	1361212****	↗
7	汪恒	销售部	销售代表	男	汉	专科	青岛	1369458****	↘
8	王春燕	销售部	销售代表	男	汉	专科	沈阳	1342674****	↗
9	郑舒	销售部	销售代表	女	汉	专科	太原	1391324****	↗
10	陈小利	后勤部	主管	男	汉	专科	郑州	1371512****	↘
11	欧阳明	后勤部	送货员	男	汉	专科	佛山	1384451****	↑
12	高燕	行政部	主管	女	汉	本科	泸州	1581512****	↑
13	李有煜	行政部	文员	女	汉	本科	杭州	1304453****	↘
14	胡志军	财务部	经理	女	汉	本科	西安	1324465****	↘
15	张光	财务部	会计	女	汉	专科	兰州	1514545****	↗
16	周鹏	技术部	主管	女	汉	硕士	昆明	1531121****	↗
17	郑娟娟	技术部	技术员	男	汉	专科	唐山	1398066****	↓

图 7-14　查看设置图标后的最终效果

7.2.4　统计所有考核均合格的员工数

很多时候统计员工的培训考核成绩并不是统计后最终成绩，可能是各个考核项目的成绩。以分散的成绩进行分析相较于使用最终成绩进行分析难度更大，需要 HR 掌握相关技能。

某公司工作能力考核表中记录了所有员工的考核成绩，现在需要根据表中的考核成绩统计所有考核均合格的员工数，即要求各项成绩都必须要大于等于 60 分，下面进行具体介绍。

│ **实例分析** │ 通过函数判断各项考核都合格的员工

打开"考核成绩表"工作簿，在D21:G22单元格区域输入统计需要满足的条件，并进行表格布局，如图7-15所示。

选择G23单元格，在编辑栏中输入"=DCOUNTA(A2:G18,1,D21:G22)&"人""公式，按【Ctrl+Enter】组合键进行计算，如图7-16所示。

D	E	F
54	52	77
93	86	54
83	63	82
50	88	86
90	53	73
51	71	79
94	70	80
65	89	69
85		81
86		88
94	67	64

输入并布局

正常工作能力	高强度工作能力	新项目工作能力	加班
>60	>60	>60	
所有考核均合格的员工数			

图 7-15　输入统计需要满足的条件

=DCOUNTA(A2:G18,1,D21:G22)&"人"

E	F	G
71	79	100
70	80	80
89	69	54
55	81	52
67	88	55
67	64	90

2. 输入

能力	高强度工作能力	新项目工作能力	加班工作能力
	>=60	>=60	>=60
所有考核均合格的员工数			6人

1. 选择

图 7-16　输入公式进行计算

　　DCOUNTA()函数用于返回数据库/数据清单指定字段中满足给定条件的非空单元格数目，其语法结构为：DCOUNTA(database，field，criteria)，其中，database表示构成列表/数据库的单元格区域；field指定函数所使用的数据列；criteria为一组包含给定条件的单元格区域。

　　上例中的公式"=DCOUNTA(A2:G18,1,D21:G22)&" 人 ""，其含义就是从A2:G18单元格区域中返回满足D21:G22单元格区域中条件的单元格个数，运算结果与"人"进行连接。

　　除了上面介绍的这种方法外，对于多条件筛选，还可以使用Excel中的高级筛选功能快速筛选满足条件的数据。

｜实例分析｜通过高级筛选功能筛选出符合条件的数据

　　打开"考核成绩表1"工作簿，在D21:G22单元格区域输入统计需要满足的条件，选择上方数据源中任意单元格，单击"数据"选项卡"排序和筛选"组中的"高级"按钮，如图7-17所示。

　　在打开的"高级筛选"对话框中选中"将筛选结果复制到其他位置"单选按钮，在"条件区域"参数框中设置条件为D21:G22单元格，在"复制到"参数框中设置目标保存位置为A24单元格，然后单击"确定"按钮，如图7-18所示。

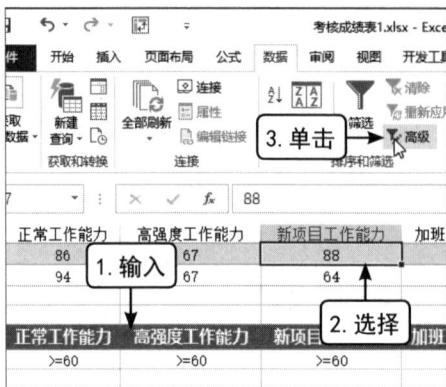

图 7-17　单击"高级"按钮

图 7-18　设置高级筛选的参数

完成操作后返回工作表即可查看到最终的筛选效果，满足条件的数据项都被筛选出来了，如图7-19所示。

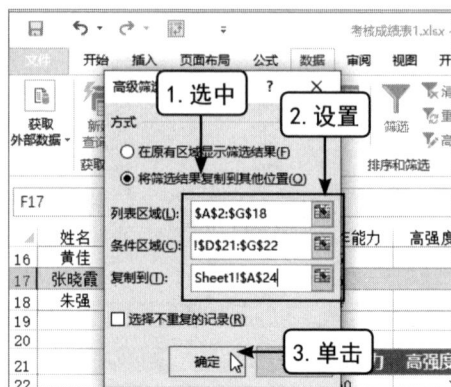

	A	B	C	D	E	F	G
24	姓名	编号	职位	正常工作能力	高强度工作能力	新项目工作能力	加班工作能力
25	王勇	GH001	副经理	85	88	81	84
26	孙庆	GH003	员工	70	80	95	69
27	郑峰	GH004	员工	76	81	97	64
28	李伟	GH005	总经理	66	72	86	75
29	方勇	GH012	部门主管	94	70	80	80
30	朱强	GH016	员工	94	67	64	90

图 7-19　查看最终的筛选效果

知识延伸｜多次筛选操作筛选出符合条件的数据

除了使用高级筛选功能外，普通筛选操作也能筛选出符合条件的数据，只是操作较为烦琐。选择数据源任意单元格，按【Ctrl+Shift+L】组合键进入筛选状态，然后分别通过筛选按钮筛选出各列成绩大于等于60的数据即可。

7.2.5　计算总成绩排前三的平均成绩

有时在进行数据分析时并不需要所有数据，而是需要对部分数据进行分析，从而了解大致情况，例如对前 5 名分析、对后 5 名分析以及对随机 5 名进行分析等。

例如某公司人事部要了解本次录用人员的综合素质，现需要通过计算考核总成绩排前三的平均成绩来了解大致情况。那么，要计算面试总成绩排前三的平均成绩，主要方法是先用 LARGE() 函数得到总成绩排前三的成绩，再用 AVERAGE() 函数求得这三个成绩的平均值。具体操作步骤如下。

| 实例分析 | 通过函数计算排名前三成绩的平均值

打开“培训考核成绩表3”工作簿，选择I20单元格，在编辑栏中输入“=AVERAGE(LARGE(I3:I18,{1,2,3}))”公式，按【Ctrl+Enter】组合键即可，如图7-20所示。

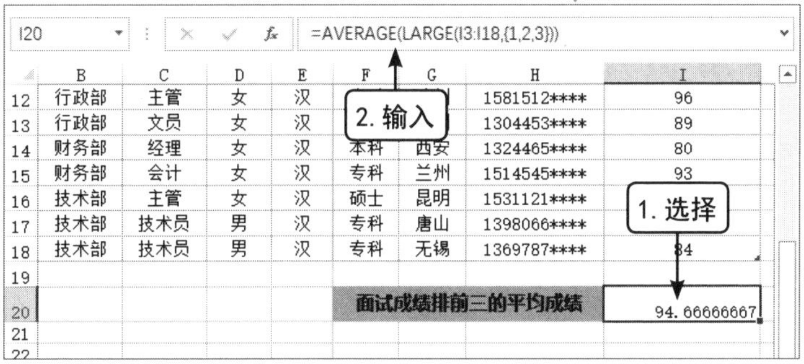

图 7-20　计算面试成绩排前三的平均成绩

最后将 I20 单元格格式设置为“数字”，即保留小数点后两位小数即可，如图 7-21 所示。

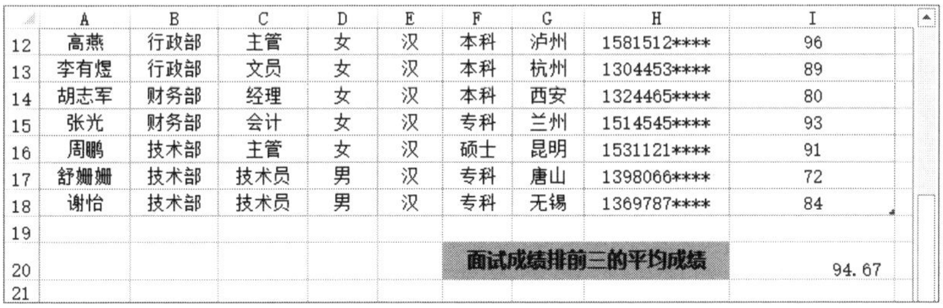

	A	B	C	D	E	F	G	H	I
12	高燕	行政部	主管	女	汉	本科	泸州	1581512****	96
13	李有煜	行政部	文员	女	汉	本科	杭州	1304453****	89
14	胡志军	财务部	经理	女	汉	本科	西安	1324465****	80
15	张光	财务部	会计	女	汉	专科	兰州	1514545****	93
16	周鹏	技术部	主管	女	汉	硕士	昆明	1531121****	91
17	舒姗姗	技术部	技术员	男	汉	专科	唐山	1398066****	72
18	谢怡	技术部	技术员	男	汉	专科	无锡	1369787****	84
19									
20						面试成绩排前三的平均成绩			94.67
21									

图 7-21　设置单元格格式

> **知识延伸** | LARGE()、AVERAGE()函数说明
>
> LARGE()函数主要用于返回数据集中的第k个最大值。其语法结构为：LARGE(array,k)，其中array为必须参数，是确定第k个最大值的数组或数据区域；k为必需参数，指定返回值在数组或数据单元格区域中的位置（从大到小排序）。
>
> AVERAGE()函数是用于计算平均值函数，其语法结构为：AVERAGE(number，number2,……)，number，number2，为要计算平均值的1～30个参数。这些参数可以是数字，或者是涉及数字的名称、数组或引用。

7.3 日常费用分析

企业要正常运转，就免不了日常开支。HR 作为企业的管理人员，需要对日常开支的具体方面和开支大小有一定的了解，才能从中了解企业开支是否存在问题、哪些开支过高等。

7.3.1 查看费用支出变化趋势

通过分析企业费用开支的变化趋势，可以了解到企业开支随时间变动的变化情况，从中可以发现企业开支的规律，方便为后期的开支预算调整提供一定的参考。

例如已经统计了 2020 年下半年公司各开支项目的具体开支情况，现在需要查看各月份的开支变化情况。要想了解支出费用的变化趋势，可以通过折线图进行分析，下面进行具体介绍。

| 实例分析 | 创建折线图分析费用开支走势

打开"2020下半年支出费用分析"工作簿，在A10单元格中输入"合计"文本，选择B10:G10单元格区域，单击"公式"选项卡"函数库"组中的"自动求和"按钮，按【Ctrl+Enter】组合键计算，如图7-22所示。

选择B1:G1单元格区域和B10:G10单元格区域，单击"插入"选项卡"图表"组中的"插入折线图或面积图"下拉按钮，选择"带数据标记的折线图"选项，如图7-23所示。

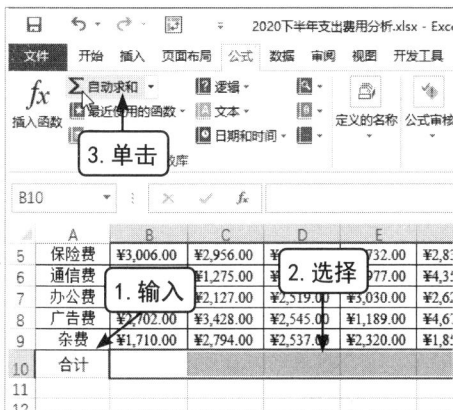

图 7-22　单击"自动求和"按钮　　图 7-23　单击"插入折线图或面积图"下拉按钮

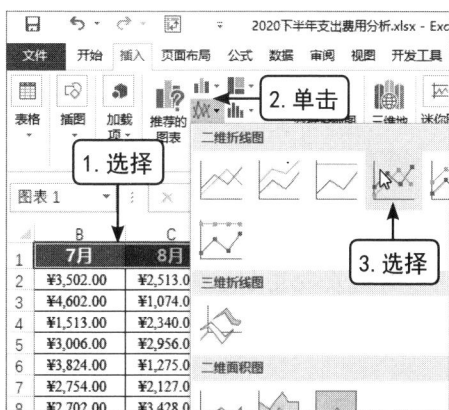

双击创建好的图表的纵坐标轴，在打开的"设置坐标轴格式"窗格中的"坐标轴选项"选项卡中展开"坐标轴选项"栏，在"最小值"和"最大值"文本框中分别输入"15 000"和"27 000"，然后关闭该窗格，如图7-24所示。

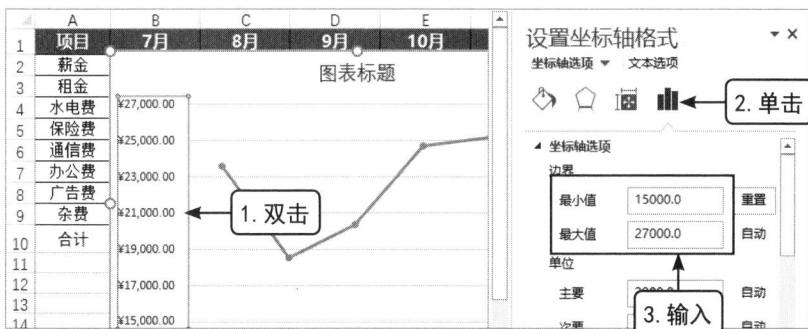

图 7-24　设置坐标轴格式

选择该图表，在"图表工具 设计"选项卡中为图表套用合适的样式，如图7-25所示。

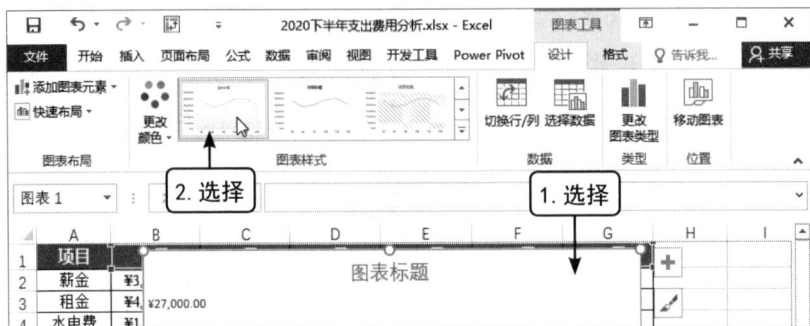

图 7-25　为图表套用合适的样式

为图表设置合适的标题即可查看最终效果，如图7-26所示。可见2020年下半年该企业费用开支在不断波动变化。

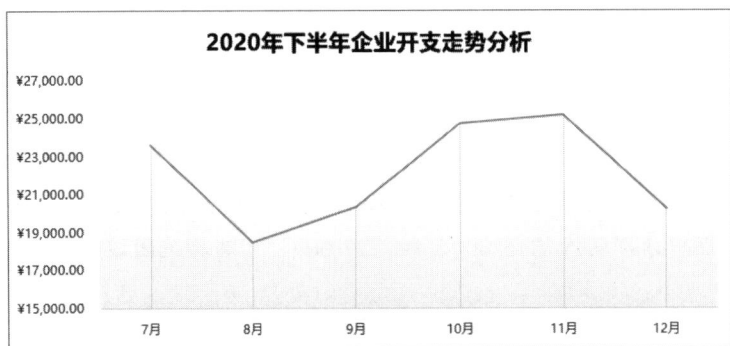

图 7-26　查看插入图表的最终效果

7.3.2　分析企业开支费用的占比情况

通常在每年年初都会对企业的各项开支进行预算，明确当年各项开支的具体情况。要想制定合理的预算，就需要参考上一年度的各项费用的开支情况，因此分析企业各项费用的占比情况很有必要。

下面通过具体的案例来看通过饼图分析企业各项开支费用的占比情况的相关操作。

│ 实例分析 │ 创建饼图分析各开支项目占比情况

打开"2020下半年支出费用分析1"工作簿，在H1单元格中输入"合计"文本，在H2:H9单元格区域对各个开支项进行求和，然后选择A2:A9单元格区域和H2:H9单元格区域，单击"插入"选项卡"图表"组中的"插入饼图或圆环图"下拉按钮，选择"饼图"选项，即可插入饼图图表，如图7-27所示。

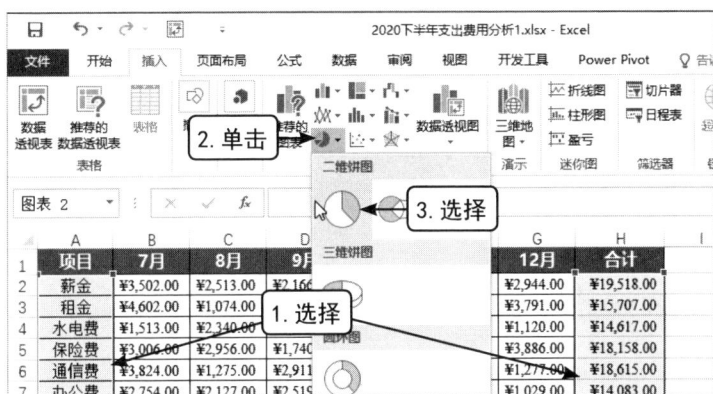

图 7-27 对各开支项求和并插入饼图

选择创建好的图表，单击右上角的"图表元素"按钮，在打开的列表中单击"数据标签"选项右侧的展开按钮，选择"更多选项"命令，如图7-28所示。

在打开的"设置数据标签格式"窗格中的"标签选项"选项卡中展开"标签选项"栏，仅选中"类别名称"和"百分比"复选框为图表设置数据标签，如图7-29所示。

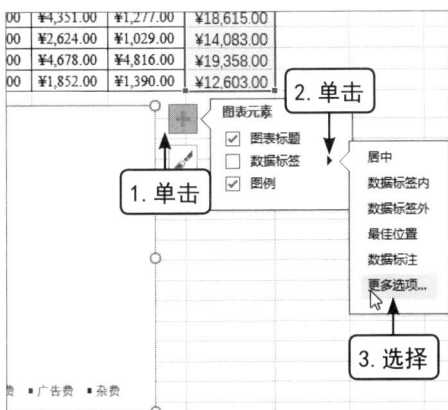

图 7-28 添加数据标签

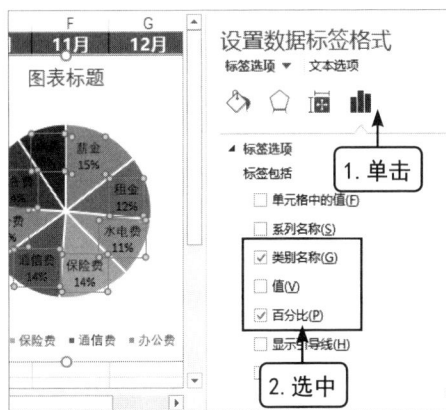

图 7-29 设置数据标签格式

删除图表的图例，为图表中的数据标签设置合适的字体格式，然后设置图表标题，最终效果如图7-30所示。

图 7-30　查看最终效果

第8章

专业的数据分析应用专业的图表展示

简单的数据处理并不能解决工作中的所有问题，专业的数据分析方法和图表展示也是 HR 需要掌握的。通过图表进行数据分析和结果展示，能够提升数据分析效率。

企业员工年龄分布情况

企业员工性别占比分析

用不同颜色展示不同员工薪酬

动态分析员工薪酬

8.1 人力资源数据分析

对于企业而言，人力资源的管理应是重点之一。因此，对企业的人力资源信息进行分析，有助于相关管理者了解企业人力资源状况是否合理，便于企业进行改进。

8.1.1 企业员工年龄分布情况

员工年龄分布情况对于企业来说十分重要，通常不同类型的企业对应的员工年龄分布不同，年轻员工太多或是大龄员工太多都不利于企业的发展。因此，HR 需要注意对企业的年龄结构进行分析，了解各个年龄段的员工占比情况，方便及时进行调整，使企业获得更好的发展。

下面进行具体分析介绍。

| 实例分析 | 创建饼图分析企业员工年龄分布

打开"企业员工年龄分布表"工作簿，选择B3:C9单元格区域，单击"插入"选项卡"图表"组中的"插入饼图或圆环图"下拉按钮，选择"饼图"选项，如图8-1所示。

双击图表的数据系列，在打开的"设置数据系列格式"窗格中的"第一扇区起始角度"数值框中输入"120°"，如图8-2所示。

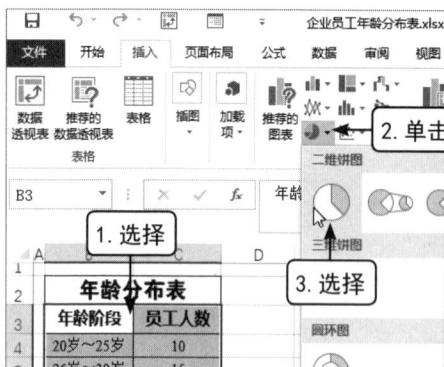

图 8-1 选择"饼图"选项   图 8-2 设置数据系列格式

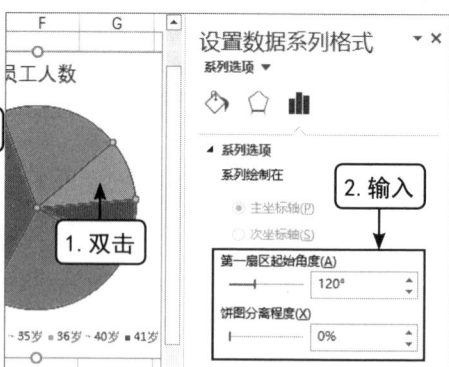

选择新创建的图表，在"图表工具 设计"选项卡"图表样式"组中选择

合适的内置图表样式，如图8-3所示。

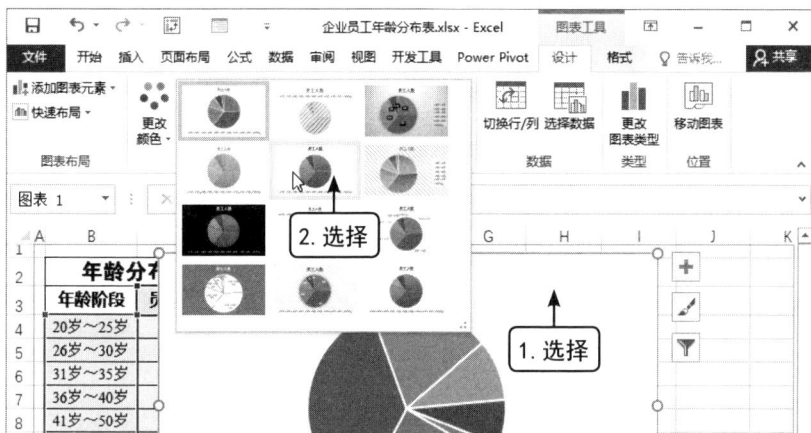

图 8-3　选择合适的内置图表样式

单击图表右侧的"图表元素"按钮，单击"数据标签"选项右侧的展开按钮，选择"数据标签内"选项为图表添加数据标签，如图8-4所示。

同样的，单击图表右侧的"图表元素"按钮，单击"图例"选项右侧的展开按钮，选择"右"选项将图表的图例调整到右侧，如图8-5所示。

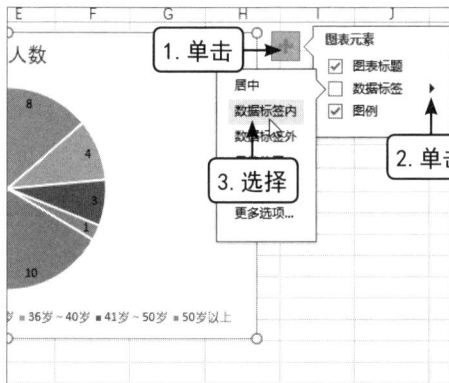

图 8-4　添加数据标签

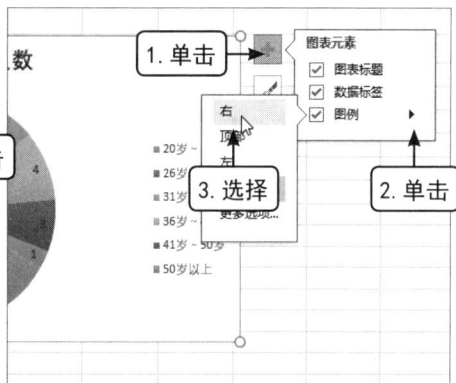

图 8-5　调整图表的图例位置

为图表设置合适的标题和字体格式，最终效果如图8-6所示。从图中可以看到，企业在20～35年龄段的员工较多，说明公司的年龄构成较为年轻，充满活力。

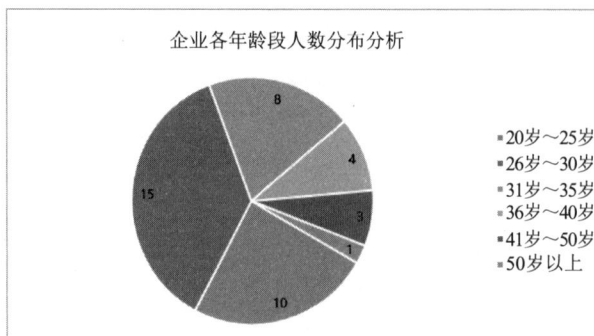

图 8-6　查看图表的最终效果

> **知识延伸** | 饼图的数据系列按照数据大小依次显示
>
> 　　在饼图中不能直接对数据系列的顺序进行调整，如果要调整数据系列的顺序，可以通过对数据源进行排序的方式进行调整。选择"员工人数"字段任意单元格，单击"数据"选项卡"排序和筛选"组中的"降序"按钮即可，图表自动调整，如图8-7所示。

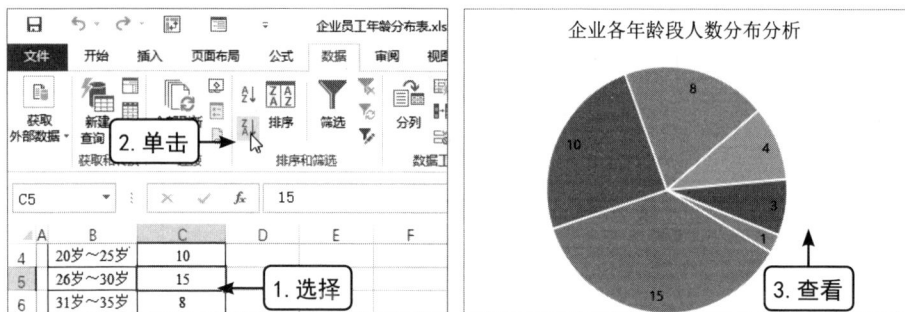

图 8-7　调整数据系列的顺序

8.1.2　企业员工学历构成分析

　　对于企业而言人力资源十分重要，但是不是什么样的人力资源都适合，企业应当挑选具备一定学历的员工。因此学历也是招聘工作中应重点关注的，HR 在工作中还需要留意企业的员工学历构成，确保企业的学历构成合理，有利于企业发展。

下面通过具体的案例来看企业员工学历对比分析。

┃实例分析┃突出显示博士学历人数

打开"企业员工学历分布表"工作簿，选择B3:D8单元格区域创建饼图，在图表中仅选择"博士"数据系列并双击，在打开的窗格中设置第一扇区起始角度为"290°"，设置点爆炸型为"35%"，如图8-8所示。

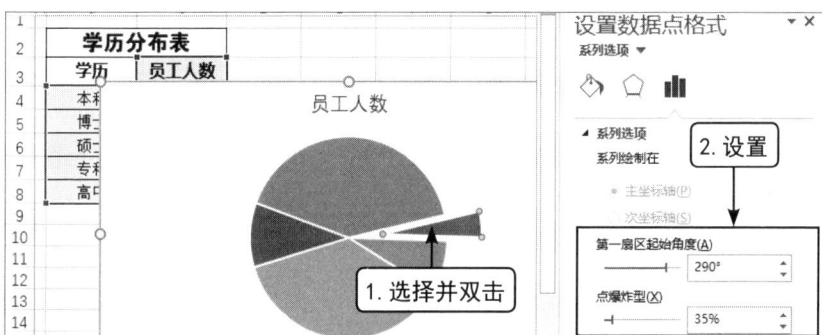

图 8-8　设置数据点格式

选择图表，单击"图表工具 设计"选项卡"图表布局"组中的"快速布局"下拉按钮，选择"布局5"选项，如图8-9所示。在该选项卡"图表样式"组中单击"更改颜色"下拉按钮，选择"颜色3"选项，如图8-10所示。

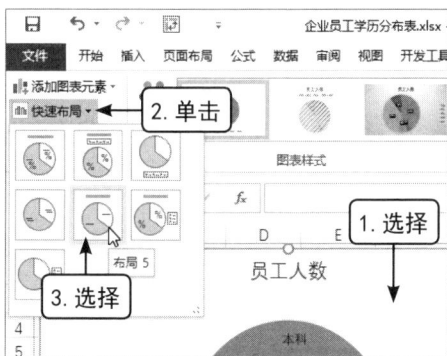

图 8-9　快速为图表布局

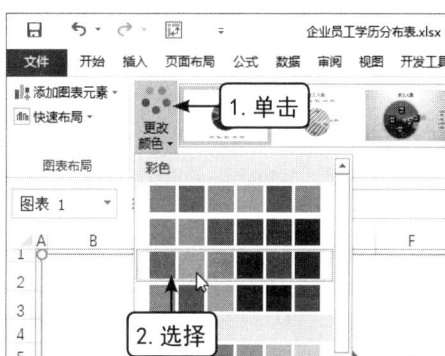

图 8-10　为图表样式更改颜色

选择图表数据标签，在窗格中单击"标签选项"选项卡，在"标签选项"栏中选中"类别名称"和"值"复选框，对数据标签进行布局，如图8-11所示。

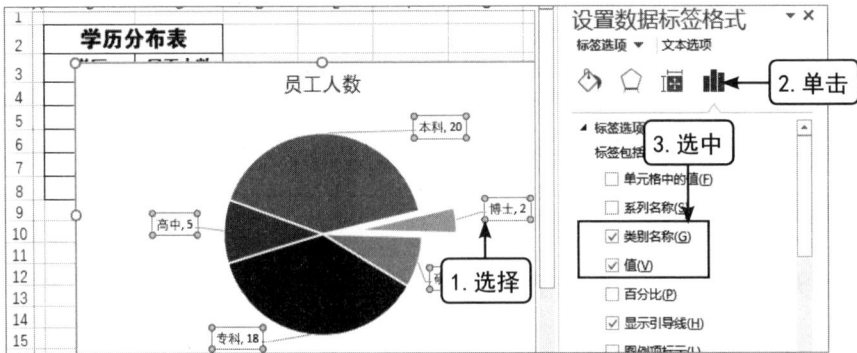

图 8-11　设置数据标签格式

完成后对图表的样式进行设置，为其添加合适的标题，即可查看最终效果，如图8-12所示。

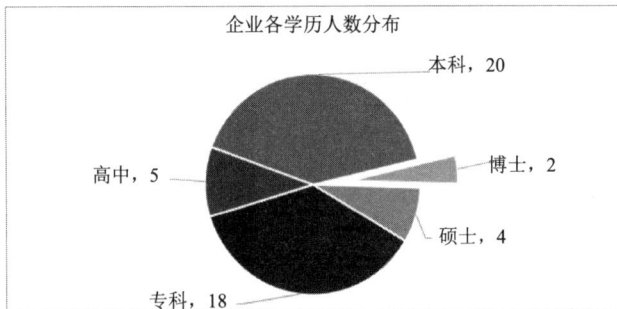

图 8-12　查看图表最终效果

从上图可以看到，企业员工大部分的学历为本科和专科，高学历人才较少，因此 HR 需要将这一情况向上级领导进行汇报，及时向各关键岗位输送高学历人才，确保企业学历构成合理。

8.1.3　企业员工性别占比分析

对于普通企业而言，企业内部的男女比例应当保持在合理水平，既不能男性过多，也不能女性过多，这样才能够有利于企业稳定发展。关于员工性别比例，通过员工信息表即可查看到，因此 HR 要注意分析企业男女员工比例是否合理。

下面具体来看企业员工性别占比情况。

| 实例分析 | 通过三维饼图分析公司男女人数占比

打开"企业员工性别分布表"工作簿，以B3:C5单元格区域为数据源创建三维饼图，在图表数据系列上右击，在弹出的快捷菜单中选择"设置数据系列格式"命令，在打开的窗格中的"填充与线条"选项卡中的"边框"栏中选中"无线条"单选按钮，如图8-13所示。

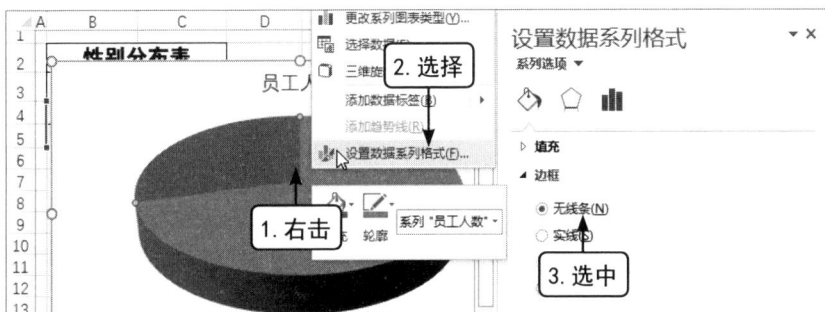

图 8-13　创建三维饼图并设置数据系列格式

单击"效果"选项卡，在"三维格式"栏中分别设置顶部棱台和底部棱台，如图8-14所示。

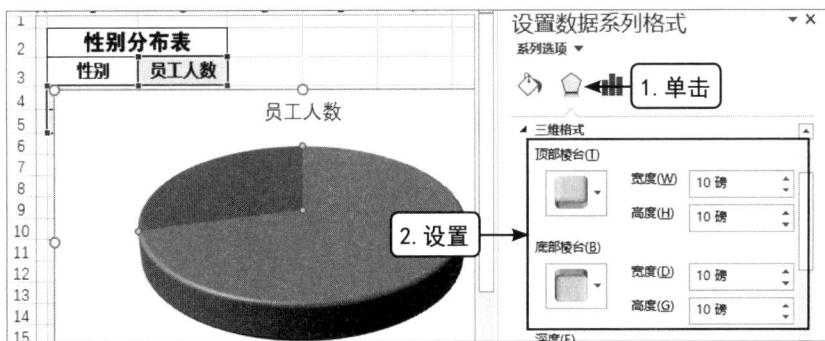

图 8-14　设置图表棱台

完成后为图表添加合适的标题，即可查看最终效果，如图8-15所示。

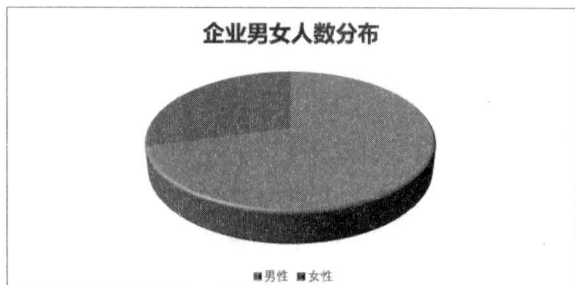

图 8-15　最终效果

从图 8-15 中可以看到，该企业的男女构成不均衡，男性员工占比过高，这需要 HR 在后续的招聘管理工作中进行合理调整。

8.2　从内部分析薪酬

很多时候企业对自身的薪酬结构不是特别了解，这就导致难以把握薪酬是否起到激励员工的作用。要解决这个问题，就需要对企业薪酬结构进行分析，发现问题并及时调整。

8.2.1　用半圆展示直接薪酬和间接薪酬占比

直接薪酬是指组织对员工占据组织的工作岗位并为组织做出贡献而支付的货币性或实物性的薪酬。直接薪酬通常包括基本工资、加班及假日津贴、绩效资金、利润分享和股票期权等。

间接薪酬又称福利薪酬，是指员工作为企业成员所享有的、企业为员工将来的退休生活及一些可能发生的不测事件（如疾病、事故）等提供的经济保障，其费用部分或全部由企业承担。它往往不以货币形式直接支付，而多以实物或服务的形式支付。

确定薪酬的不同发放形式主要考虑薪酬的作用，即分配、保障和激励。

要针对不同的岗位特点、管理层级、员工个人需求、企业特点、文化和企业所处的环境综合考虑直接薪酬和间接薪酬的比例关系。比如基层员工通常直接薪酬占比很高，间接薪酬相对占比较低。

在实际确定直接薪酬和间接薪酬的占比时，应当参考具体情况，明确员工的需求，确保企业薪酬对员工存在保障或激励作用。

下面通过具体案例来看某企业研发部门的薪酬占比分析。

| 实例分析 | 研发部门薪酬占比分析

打开“研发部门2月薪酬统计”工作簿，其中统计了该部门的直接薪酬和间接薪酬的项目和具体开支金额，分别在D1和A9单元格中输入“合计”文本并合并单元格，然后通过求和公式对直接支出和间接支出费用求和，如图8-16所示。

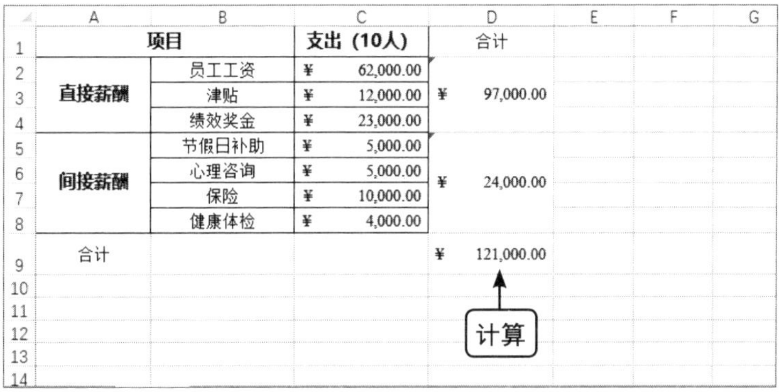

	A	B	C	D	E	F	G
1	项目		支出（10人）	合计			
2	直接薪酬	员工工资	¥ 62,000.00	¥ 97,000.00			
3		津贴	¥ 12,000.00				
4		绩效奖金	¥ 23,000.00				
5	间接薪酬	节假日补助	¥ 5,000.00	¥ 24,000.00			
6		心理咨询	¥ 5,000.00				
7		保险	¥ 10,000.00				
8		健康体检	¥ 4,000.00				
9	合计			¥ 121,000.00			
10							
11							
12							
13							
14							

图8-16　对直接支出和间接支出费用求和

选择A2:A9单元格区域，按住【Ctrl】键选择D2:D9单元格区域，单击“插入”选项卡“图表”组中的“插入饼图或圆环图”下拉按钮，选择“饼图”选项，如图8-17所示。

双击图表的数据系列，在打开的“设置数据系列格式”窗格中单击“系列选项”选项卡，在“第一扇区起始角度”数值框中输入“270°”，在“饼图分离程度”数值框中输入“2%”，如图8-18所示。

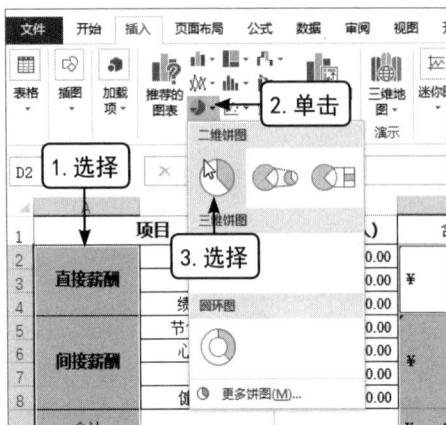

图 8-17 插入饼图

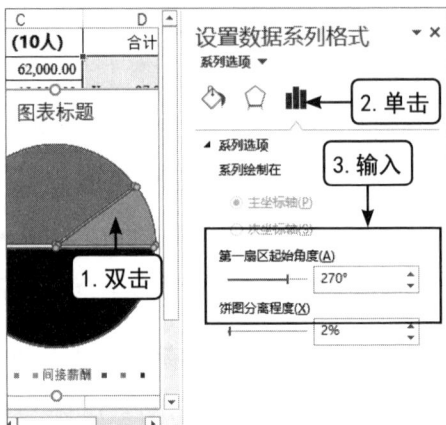

图 8-18 设置数据系列格式

选择并双击饼图下方的"合计"数据系列，在窗格中单击"填充与线条"选项卡，在"填充"栏中选中"无填充"单选按钮清除填充色，如图8-19所示。

然后删除图表的图例，为图表添加合适的数据标签并调整标签位置，如图8-20所示。

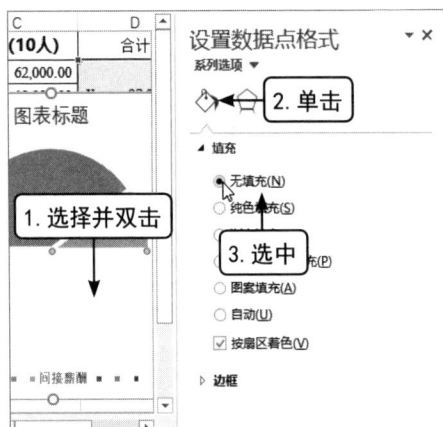

图 8-19 设置数据点格式

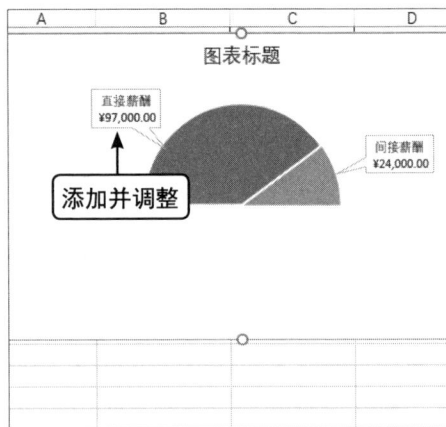

图 8-20 删除图例并添加数据标签

完成后为图表添加合适的标题，设置合适的字体格式，即可查看最终效果，如图8-21所示。

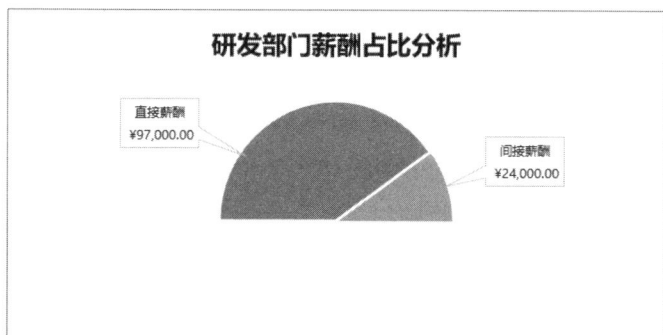

图 8-21　查看效果

通过图 8-21 可以看到，研发部门的员工直接薪酬是间接薪酬的 4 倍多，直接薪酬占比过高，薪酬结构不合理，应当适当降低直接薪酬，提升间接薪酬，使之达到合理的平衡状态。

8.2.2　用不同颜色展示不同员工薪酬

在 Excel 中使用条形图对比员工薪酬数据时，默认情况下创建的柱形图都只有一种颜色，这样的图表不够美观。可以将不同员工的数据系列设置成不同的颜色，这样能够起到突出显示的作用，还能够增强美感。

下面以设置不同的颜色突出显示不同员工的实付工资数据为例，讲解具体操作。

┃ 实例分析 ┃ 为数据列设置不同颜色突出显示生产部员工薪酬

打开"2021年3月薪酬表"工作簿，选择B7:B15和K7:K15单元格区域，单击"插入"选项卡"图表"组中的"插入柱形图或条形图"下拉按钮，选择"簇状柱形图"选项，如图8-22所示。

选择创建的图表，单击"图表工具 设计"选项卡"图表样式"组中的"更改颜色"下拉按钮，选择合适的颜色，这里选择"颜色3"选项，如图8-23所示。

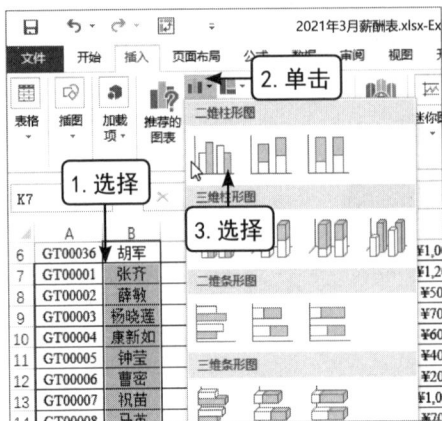

图 8-22　创建簇状柱形图

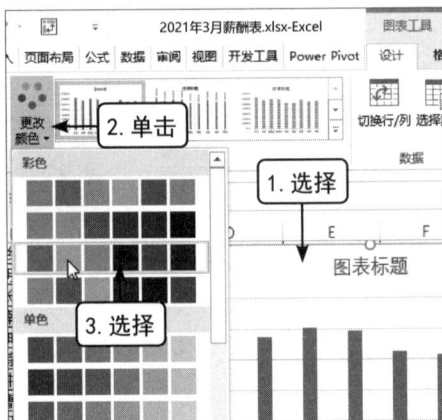

图 8-23　为图表更改颜色

然后双击图表中的数据系列，在打开的"设置数据系列格式"窗格中，单击"填充与线条"选项卡，在"填充"栏中选中"依数据点着色"复选框，如图8-24所示。

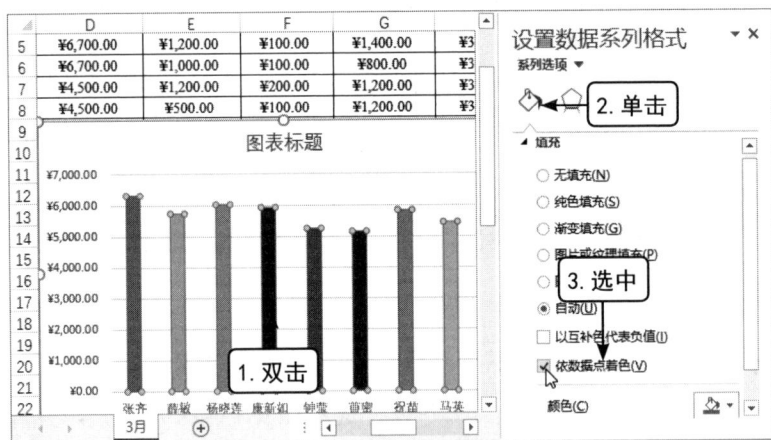

图 8-24　设置数据系列格式

为图表设置合适的标题，设置横纵坐标轴和图表标题的字体格式，完成后即可查看最终效果，如图8-25所示。

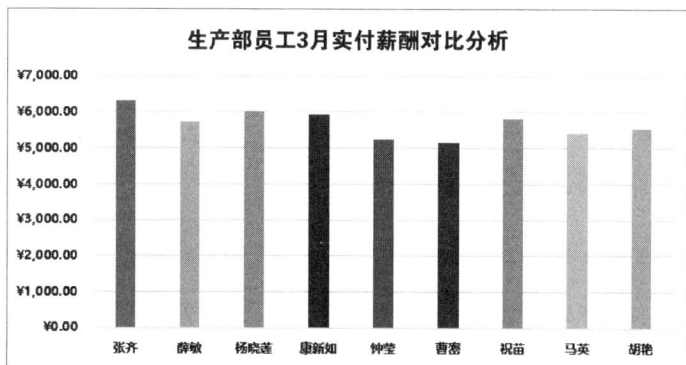

图 8-25　最终效果

8.2.3　动态分析员工薪酬

前面介绍的都是创建静态的图表进行薪酬数据分析，如果需要对多个数据进行分析则需要创建多个图表，显得十分凌乱，也不方便分析，这时就可以使用动态图表进行分析。

创建动态图表的方法较多，这里介绍一种简单的方法，即通过数据有效性实现动态图表的创建。对行政部不同的员工薪酬数据进行展示和分析，提高数据分析效率

下面通过具体的案例进行介绍。

│ **实例分析** │ 创建动态图表分析行政部员工薪酬

打开"行政部3月薪酬统计"工作簿，复制A1:G2单元格区域，粘贴到A10:G11单元格区域，删除A11:G11单元格中的内容，选择A11单元格，单击"数据"选项卡"数据工具"组中的"数据验证"按钮，如图8-26所示。

在打开的"数据验证"对话框中的"允许"下拉列表框中选择"序列"选项，在"来源"参数框中设置来源为A2:A8单元格区域，单击"确定"按钮，如图8-27所示。

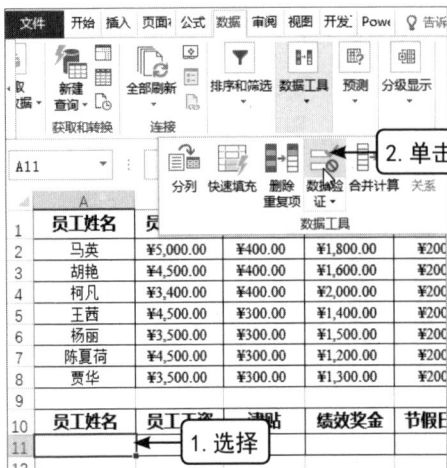

图 8-26　单击"数据验证"按钮

图 8-27　设置"数据验证"参数

选择B11:G11单元格区域，在编辑栏中输入"=VLOOKUP($A$11,$A$2:$G$8,COLUMN(B11),0)"公式，按【Ctrl+Enter】组合键查询A11单元格中员工姓名对应的薪酬数据，如图8-28所示。

图 8-28　查询员工姓名对应的薪酬数据

在A11单元格单击下拉按钮，选择姓名，即可在右侧查看其薪酬数据。选择A10:G11单元格区域，单击"插入"选项卡"图表"组中的"插入饼图或圆环图"下拉按钮，选择"饼图"选项，如图8-29所示。

为图表标题设置字体格式，在标题右侧插入一个文本框，在其中输入"3月薪酬分析"文本，将其字体格式设置得和图表标题一样，然后调整文本框和图表标题的位置，使其在同一水平线上，如图8-30所示。

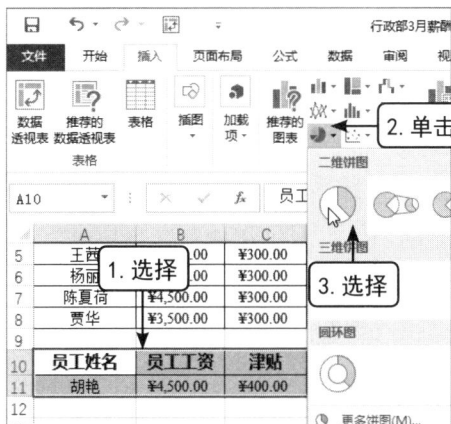

图 8-29　插入饼图

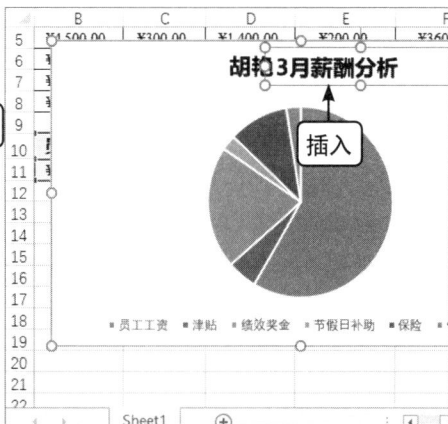

图 8-30　更改图表格式

然后调整图表第一扇区的起始角度，为图表添加数据标签，最终效果图8-31所示。

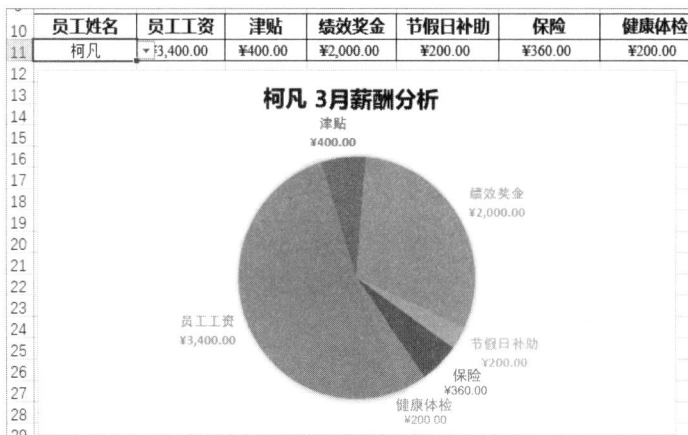

图 8-31　最终效果

8.2.4　预测企业来年薪酬投入金额

随着企业劳动力成本的变动和人力资源的变动，企业每年投入的薪酬成本有增有减，所以通常在一年之初都需要对来年的薪酬投入金额进行预测，主要可以根据近几年的薪酬投入金额进行预测。

HR 可以借助高级数据分析工具——数据分析之移动平均进行分析，下面进行具体介绍。

｜实例分析｜ 预测2025年企业薪酬投入金额

打开"2025年薪酬投入预测"工作簿，选择C3:C6单元格区域，在编辑栏中输入"=(B3−B2)/B2"公式，按【Ctrl+Enter】组合键计算增减率，如图8-32所示。单击"文件"选项卡，在打开的界面中单击"选项"按钮，如图8-33所示。

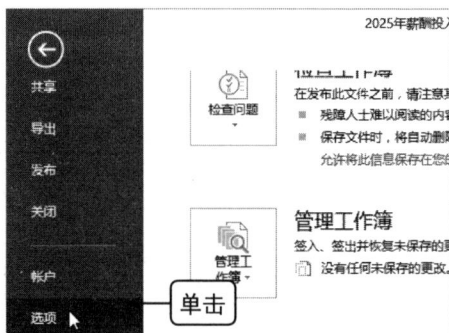

图 8-32　计算增减率　　　　　　图 8-33　单击"选项"按钮

在打开的界面中单击"加载项"选项卡，在"管理"下拉列表框中选择"Excel加载项"选项，单击"转到"按钮，在打开的对话框中选中"分析工具库"复选框，单击"确定"按钮，如图8-34所示。

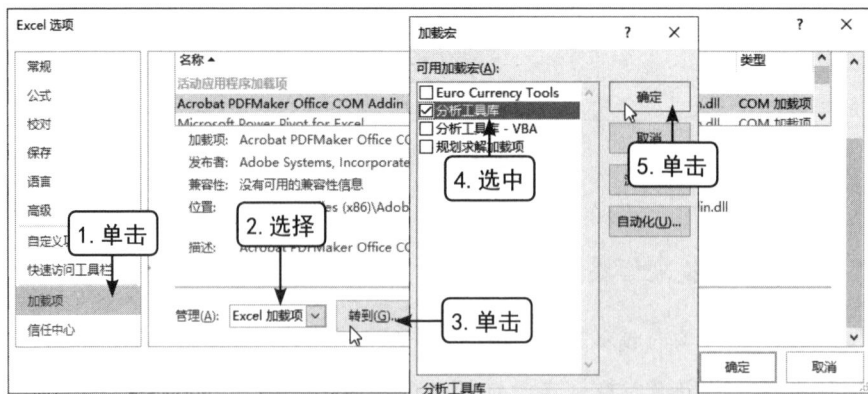

图 8-34　设置 Excel 加载项

返回到工作表中，在"数据"选项卡"分析"组中单击"数据分析"按钮，在打开的"数据分析"对话框中选择"移动平均"选项，单击"确定"按钮，如图8-35所示。

图 8-35　选择数据分析工具

在打开的"移动平均"对话框中分别将输入区域设置为C2:C6单元格区域，将输出区域设置为D2:D6单元格区域，选中"图表输出"复选框，单击"确定"按钮，如图8-36所示。

在图表中的"预测值"数据系列上右击，在弹出的快捷菜单中选择"添加数据标签"命令，如图8-37所示。

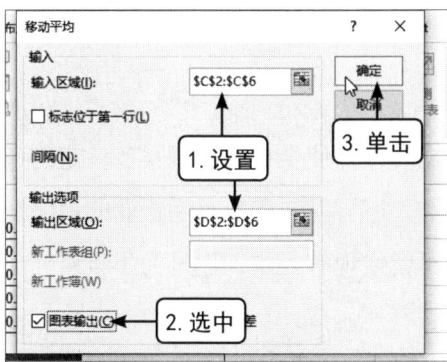

图 8-36　设置分析参数

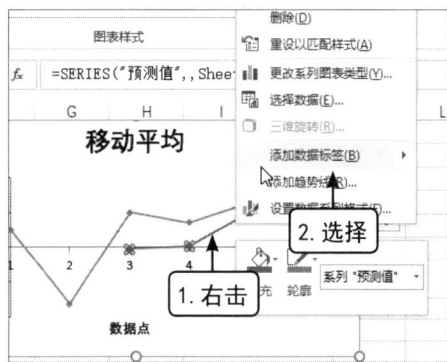

图 8-37　添加数据标签

在图表中可以查看到预测出的比例数据，选择工作表中的C8单元格，在编辑栏中输入"=B6×0.099"公式，按【Ctrl+Enter】组合键即可计算出2025年薪酬投入金额，如图8-38所示。

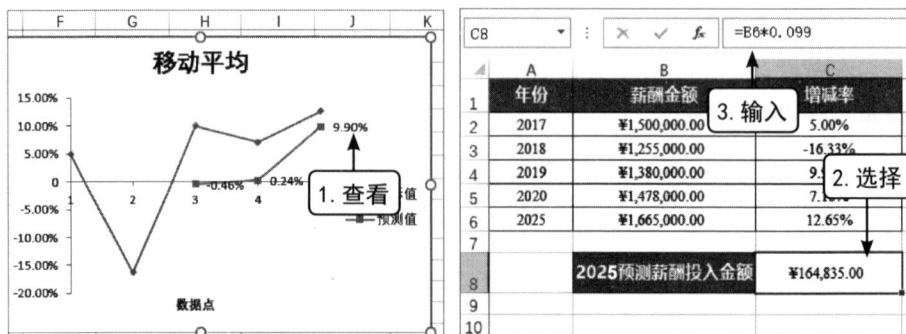

图 8-38　计算薪酬投入金额

8.3　整体分析薪酬数据

　　为了确保企业的薪酬结构具有一定的竞争性，能够帮助企业招聘和留住人才，从而保证企业的稳定性，就需要对企业所在行业的薪酬水平和主要竞争对手的薪酬水平有一定的了解，从而确定符合自身条件的薪酬标准。

8.3.1　对比竞争对手的薪酬情况

　　企业在确定内部各个岗位的薪酬数据时，并使企业的薪酬具备一定的竞争力，不仅需要参考行业的平均薪酬标准，还可以与竞争对手企业的薪酬情况进行对比。因为薪酬竞争力不只是为了留住现有人才，还是为了吸引外部优秀人才。

　　下面通过创建水平对称条形图对比分析企业与直接竞争对手之间的薪酬结构状况进行具体介绍。

| 实例分析 | 企业岗位与竞争企业岗位薪酬对比

　　打开"建筑行业岗位薪酬数据对比"工作簿，选择A1:C7单元格区域，创建簇状条形图，然后为图表在"图表工具 设计"组中套用"样式5"图表

样式，并设置图表标题，如图8-39所示。

双击水平坐标轴，在打开的窗格中单击"坐标轴选项"选项卡，在"坐标轴选项"栏中分别设置最大值、最小值、主要和次要单位，如图8-40所示。

图 8-39　创建图表并套用样式

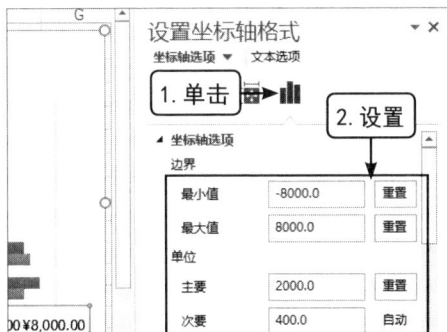

图 8-40　设置坐标轴格式

然后展开"数字"栏，在"类别"下拉列表框中选择"自定义"选项，在"格式代码"文本框中输入"￥#,##0.00;￥#,##0.00"，单击"添加"按钮，统一正负坐标轴值，如图8-41所示。

在图表中选择并双击"薪酬（竞争对手）"数据系列，在窗格中选中"次坐标轴"单选按钮将该数据系列添加到次坐标轴，如图8-42所示。

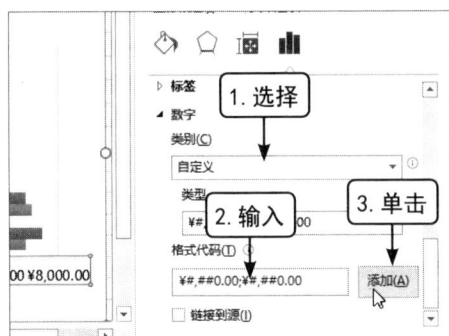

图 8-41　统一正负坐标轴值

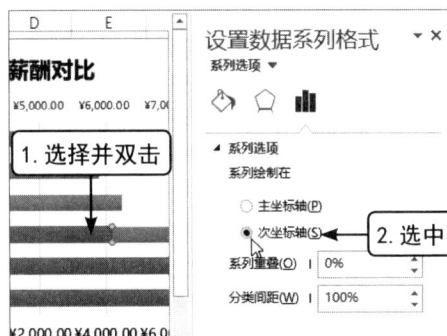

图 8-42　设置数据系列格式

用同样的方法为新添加的次要坐标轴设置格式，选中"逆序刻度值"复选框，如图8-43所示。

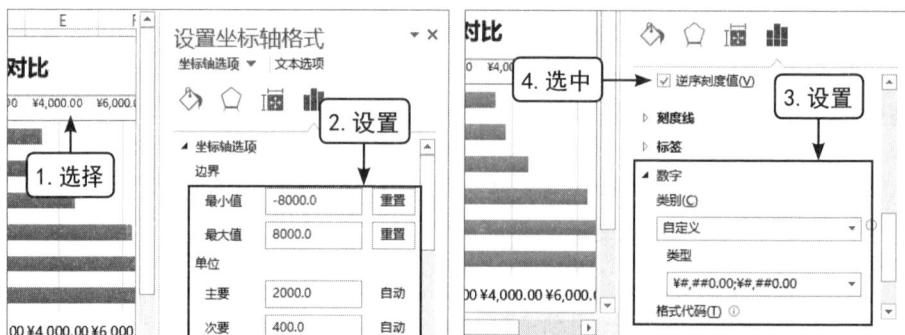

图 8-43　为次要坐标轴设置格式

　　在选择垂直轴，在"设置坐标轴格式"窗格中单击"坐标轴选项"选项卡，在"标签"栏中单击"标签位置"下拉列表框右侧的下拉按钮，选择"低"选项，为图表添加数据标签，删除图表上下的坐标轴，如图8-44所示。

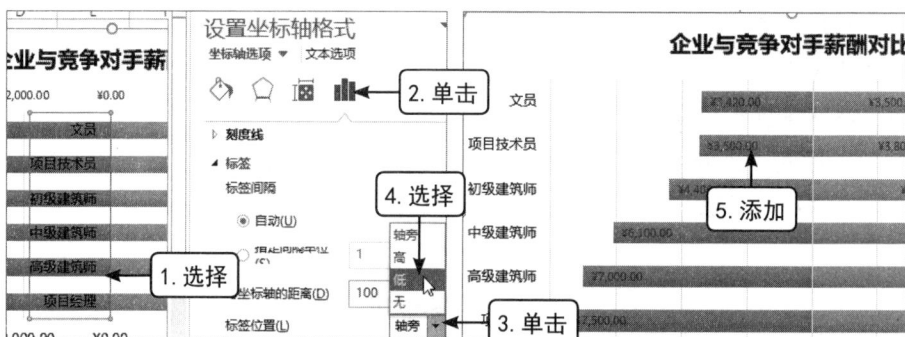

图 8-44　设置垂直坐标轴的格式

　　为图表设置合适的字体格式，即可查看最终效果，如图8-45所示。

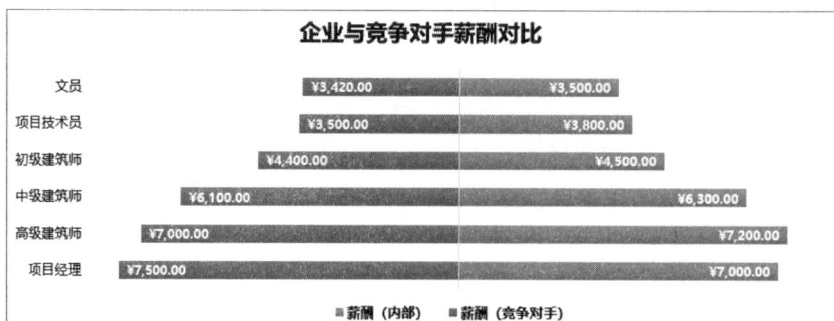

图 8-45　最终效果

8.3.2 个人期望薪酬落差分析

个人期望薪酬落差主要是由于员工个人对自己努力付出的价值进行评估，而与实际发放的工资间存在的差异导致的。这种落差容易影响人力资源的稳定性，落差较大容易导致人力资源流失，给企业造成损失。

作为 HR 则应当多了解员工的个人薪资期望和实际薪酬之间的落差情况，以便及时应对，对薪酬进行合理调整。

| 实例分析 | 通过温度计图对比期望薪酬与实际薪酬

打开"3月份生产部薪酬分析"工作簿，选择B1:B10和D1:E10单元格区域，创建簇状柱形图，在"期望薪酬"数据系列上右击，选择"设置数据系列格式"命令，如图8-46所示。

在打开的窗格中的"系列选项"选项卡中分别设置"系列重叠"为"100%"，"分类间距"为"70%"，如图8-47所示。

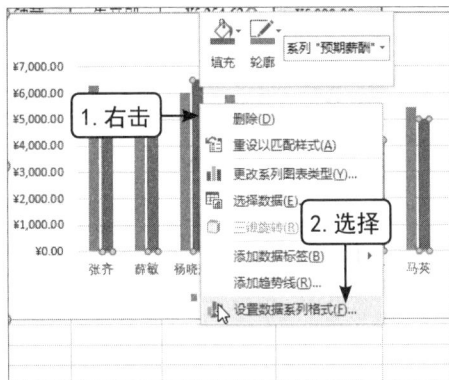

图 8-46 打开设置数据系列格式窗格

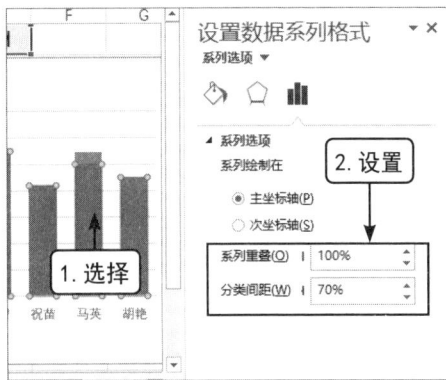

图 8-47 设置数据系列格式

选择"期望薪酬"数据系列，单击"填充与线条"选项卡，在"填充"栏中选中"无填充"单选按钮，如图8-48所示。

展开"线条"选项卡，选中"实线"单选按钮，分别设置线条颜色和宽度，设置短划线类型为"方点"，如图8-49所示。

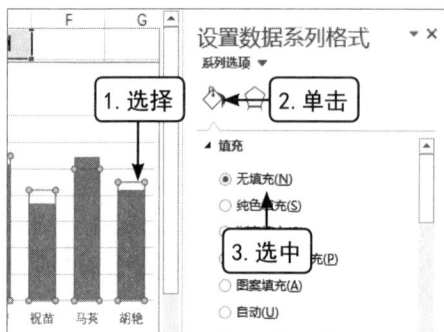

图 8-48　为数据系列设置填充色

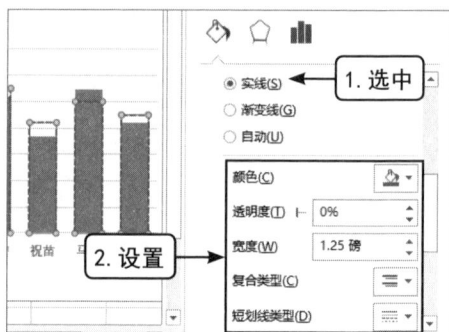

图 8-49　设置线条颜色和宽度

选择"实际薪酬"数据系列，设置边框为无线条，单击"效果"选项卡，在"柔化边缘"栏中单击"预设"下拉按钮，选择"2.5磅"选项，如图8-50所示。

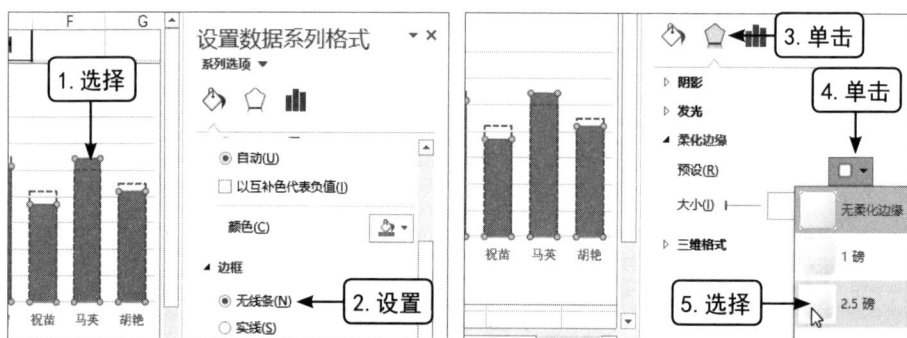

图 8-50　设置数据系列格式

为图表设置合适的字体格式，即可查看最终效果，如图8-51所示。

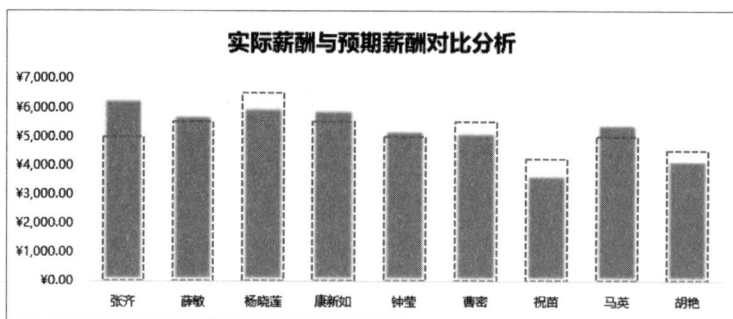

图 8-51　最终效果

通过分析结果可以发现，有四名员工的实际薪酬没有达到期望薪酬，HR 应当及时与员工进行沟通，了解其具体情况，明确是该岗位的薪酬标准存在问题，还是该员工的预期薪酬水平过高。

8.3.3 薪酬区域水平分析

区域薪酬可理解为同一区域或周边的同行或多家竞争对手的薪酬，其影响因素包括平均工资和最高工资，将其与企业的薪酬进行比较，即可了解企业薪酬与区域薪酬的关系。

下面通过具体的案例进行介绍。

| **实例分析** | 使用柱形图和三维柱形图对比企业薪酬与区域薪酬

打开"建筑行业岗位区域薪酬对比"工作簿，选择E2:E8单元格区域，在编辑栏中输入"=B2−C2"公式计算公司平均薪酬与区域平均薪酬的差值，如图8-52所示。

选择A2:A8和E2:E8单元格区域，创建簇状柱形图，并对其进行美化，如图8-53所示。可以看到除了文员和项目技术员，其他岗位的平均薪酬均高于区域平均薪酬。

图 8-52 计算平均薪酬的差值

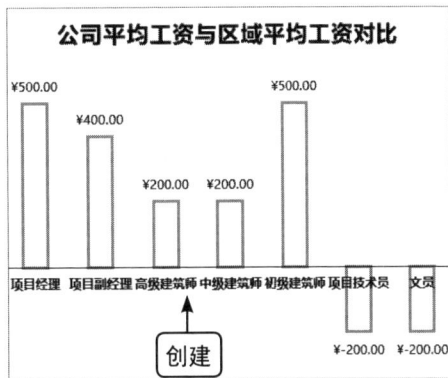

图 8-53 创建并美化簇状柱形图

不仅可以对比企业平均薪酬和区域平均薪酬之间的大小，还可以将企业平均薪酬与区域最高工资进行对比，方便了解企业薪酬状况。选择A1:B8和

D1:D8单元格区域，创建三维柱形图，为图表套用合适的图表样式并进行调整，即可得到最终的效果，如图8-54所示。

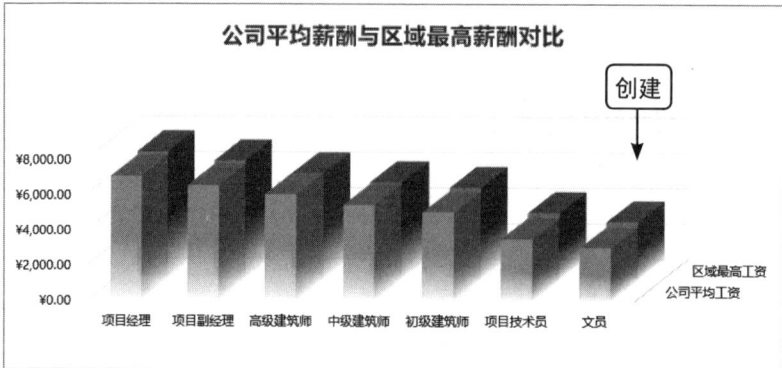

图 8-54　创建三维柱形图并查看效果

通过图 8-54 可以发现，公司的平均薪酬与区域的最高薪酬差距较小，说明当前企业的薪酬标准在该区域内的竞争力较强，同等条件下对人才的吸引力也较强。

第9章

"大数据"的数据分析怎么做

　　大数据时代，人们在日常工作中面对的数据越来越多，如何高效地分析数据成为越来越多人思考的问题。要想解决工作中的复杂数据，使用数据透视表和数据透视图进行分析是一项必备的职场技能。

- 更改月度考勤汇总表的效果
- 查看员工的年度考勤情况
- 利用筛选器设置筛选条件
- 动态查询指定年度的支出费用

9.1　考勤数据的分析

前面介绍的数据方法有通过公式函数计算、Excel 自带分析功能以及图表等，在 Excel 中还存在一种高效数据分析工具——数据透视表。数据透视表具有高效的数据分析功能，能够轻松解决许多复杂问题。

9.1.1　轻松汇总月度考勤数据

通常员工的考勤信息都是每日记录的，较为零散，要想按月进行统计汇总，通过普通的数据统计方法，如公式函数计算、排序筛选等不能很好实现，这时可以考虑借助数据透视表进行统计分析。

某企业的考勤记录表中记录了 2020 年的所有员工考勤数据，现在需要汇总月度员工考勤数据，具体操作如下。

│实例分析│通过数据透视表按月汇总考勤数据

打开"2020年考勤记录明细表"工作簿，选择工作表中任意数据单元格，单击"插入"选项卡"表格"组中的"数据透视表"按钮，在打开的对话框中选中"新工作表"单选按钮，如图9-1所示，单击"确定"按钮创建数据透视表。

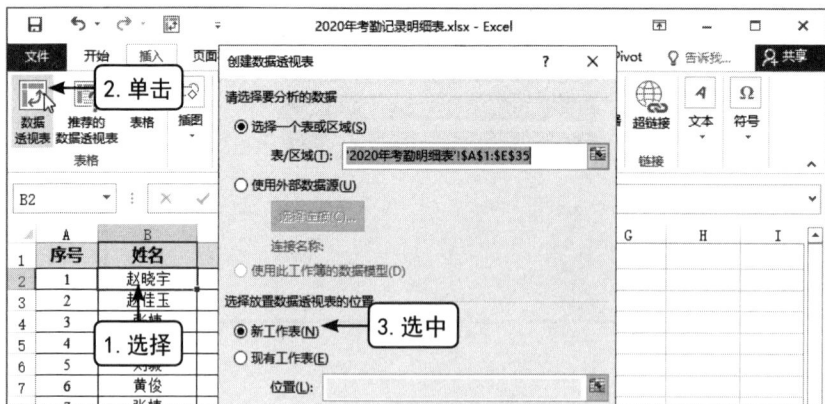

图 9-1　创建数据透视表

知识延伸｜在当前工作表中创建数据透视表

要在当前工作表中创建数据透视表，只需要在图9-1中打开的对话框中选中"现有工作表"单选按钮，在"位置"参数框中选择保存位置，单击"确定"按钮即可。

在新打开的工作表中的"数据透视表字段"窗格中将"日期"和"姓名"字段拖动到行区域；将"请假类别"和"天/次数"字段分别拖动到列区域和值区域，如图9-2所示。

选择数据透视表任意单元格，在"数据透视表工具 设计"选项卡的"数据透视表样式"组中选择合适的样式，如图9-3所示。

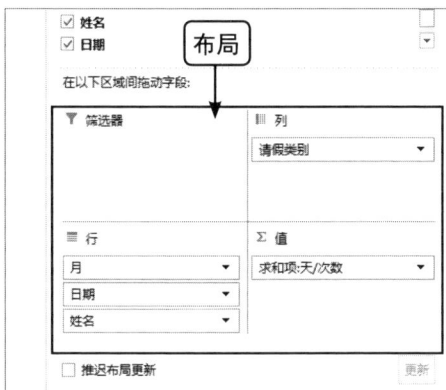

图9-2 设置数据透视表字段格式

图9-3 选用合适的数据透视表样式

完成设置后，即可按月查看考勤汇总情况，如图9-4所示。

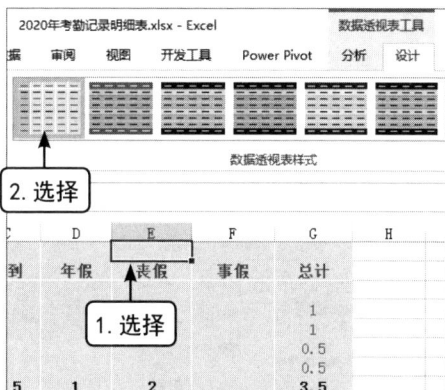

图9-4 最终效果

9.1.2 更改月度考勤汇总表的效果

通过数据透视表进行数据分析后，还可以对数据透视表的效果进行调整，包括调整报表总计、报表布局和空行等。调整报表的效果，有利于更好地展示分析结果。

下面主要为上一个案例中的月度考勤汇总报表设置合适的效果为例，讲解相关操作。

│ **实例分析** │ 更改报表的展示效果

打开"2020年考勤记录明细表1"文件，选择数据透视表中任意数据单元格，在"数据透视表工具 设计"选项卡"布局"组中单击"总计"下拉按钮，选择"对行和列启用"选项，如图9-5所示。

然后在"数据透视表工具 设计"选项卡"布局"组中单击"报表布局"下拉按钮，选择"以表格形式显示"选项，如图9-6所示。

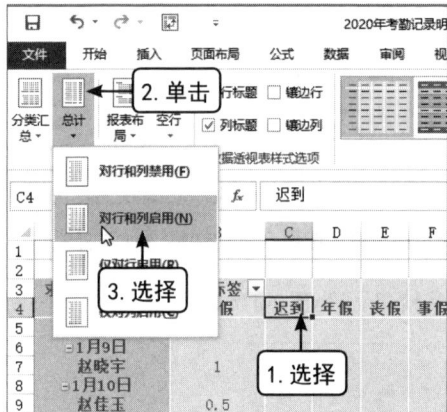

图 9-5　单击"总计"下拉按钮　　　　图 9-6　选择"以表格形式显示"选项

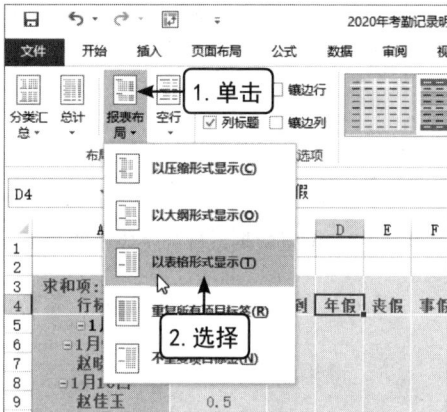

选择任意月份单元格，在"数据透视表工具 设计"选项卡"布局"组中单击"空行"下拉按钮，选择"在每个项目后插入空行"选项，在"数据透视表样式"组中选中"镶边行"复选框，如图9-7所示。

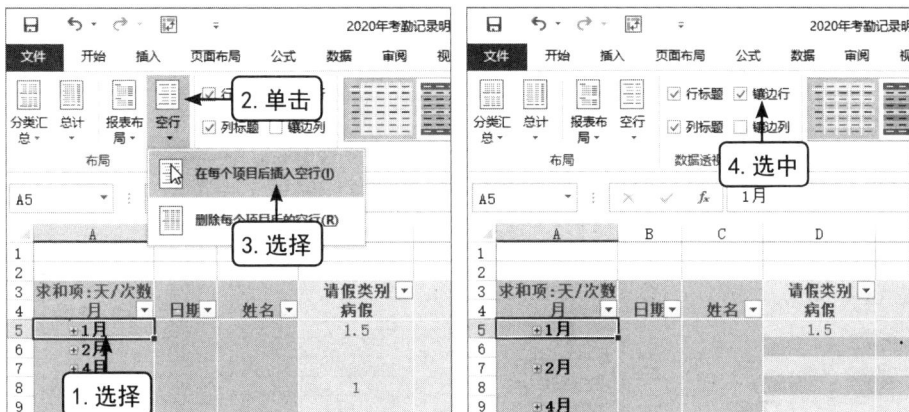

图 9-7 选中"镶边行"复选框

完成设置后，即可查看考勤汇总报表的新效果，如图9-8所示。

图 9-8 最终效果

> 💡 **知识延伸** | 更改数据透视表样式的其他方法
>
> 更改数据透视表的样式除了前述介绍的方法外，还可以套用数据透视表样式，其操作在前面有过介绍。此外，数据透视表也是一种表格，因此可以通过套用表格表格格式和单元格样式的方法设置不同的效果。
>
> 套用表格格式只需要选择任意数据单元格，单击"开始"选项卡"样式"组中的"套用表格格式"下拉按钮，选择格式即可，如图9-9左图所示；套用单元格样式需要选择需要设置样式的所有单元格，单击"样式"组中的"单元格样式"下拉按钮，选择合适的样式即可，如图9-9右图所示。

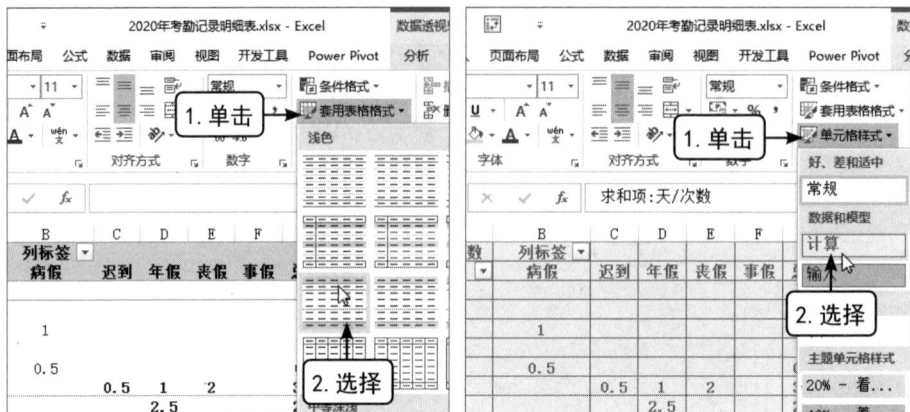

图 9-9　套用表格格式

9.1.3　查看员工的年度考勤情况

企业通常在年底都会对员工的各项数据进行汇总，考勤数据也不例外。前面具体介绍了各月员工的出勤情况的分析方法，而年度考勤汇总则是要具体查看员工当年的出勤情况，对不合理员工出勤情况及时处理，有助于督促员工出勤。

下面以调整月度考勤汇总报表生成年度考勤汇总报表为例，讲解具体操作方法。

｜实例分析｜ 通过数据透视表按月度汇总考勤数据

打开"2020年考勤记录明细表2"工作簿，选择数据透视表中任意数据单元格，在打开的"数据透视表字段"窗格中的行区域中单击"月"字段右侧的下拉按钮，在弹出的下拉菜单中选择"删除字段"命令删除该字段，如图9-10所示。

然后用同样的方法将其中的"日期"字段删除，在行区域中只保留"姓名"字段。

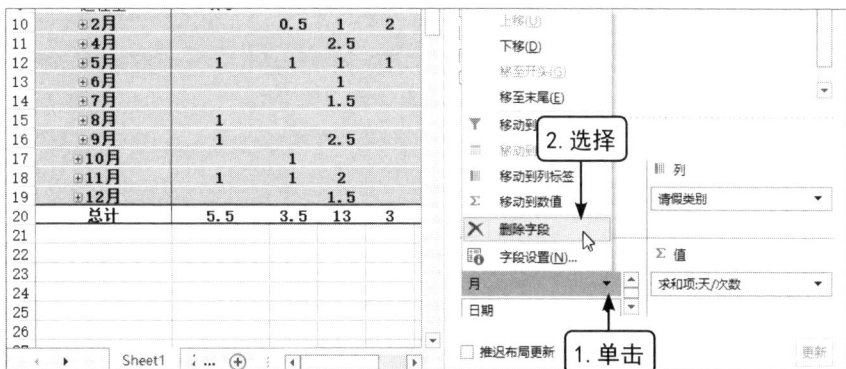

图 9-10　设置数据透视表字段格式

💡 **知识延伸** | 打开"数据透视表字段"窗格的方法

　　如果在进行报表分析的过程中，用户手动关闭了"数据透视表字段"窗格，那么再次选择数据透视表中的单元格时，程序不会自动打开该窗格，需要用户手动打开，具体操作如下。

　　选择数据透视表中任意数据单元格，然后在"数据透视表工具 分析"选项卡"显示"组中单击"字段列表"按钮，即可打开"数据透视表字段"窗格，如图9-11所示。

图 9-11　打开"数据透视表字段"窗格

　　完成设置后，即可查看到员工年度考勤汇总数据，如图9-12所示。当年员工请假时间最多的是张婕，最少的是刘毅。

	A	B	C	D	E	F	G	H	I
1									
2									
3	求和项:天/次数	列标签 ▼							
4	行标签 ▼	病假	迟到	年假	丧假	事假	总计		
5	黄俊		1	6			7		
6	刘毅	1	0.5				1.5		
7	杨俊			3			3		
8	张婕		2	2	3	1	10		
9	赵佳玉	0.5		2		1	3.5		
10	赵晓宇	4					4		
11	总计	5.5	3.5	13	3	4	29		
12									
13									
14									
15									
16									

图 9-12　完成设置并查看员工年度考勤汇总数据

9.1.4　自动刷新考勤数据

数据透视表并不是创建完成后数据就固定不变了，而是可以跟随数据源的变化而变化的动态报表。在生成报表后，有时需要对数据源进行修改、删除或添加等，对数据源进行修改后，如果没有及时对数据透视表进行刷新，就可能会遗忘，导致最终报表数据与数据源有差异。

例如员工的考勤数据存在遗漏，漏掉了 2020 年 11 月 4 日赵佳玉请病假两天的记录，则可以通过设置自动刷新报表数据，避免遗忘刷新数据透视表，影响数据分析结果。

下面进行具体操作介绍。

│实例分析│设置打开工作簿自动刷新考勤数据

打开"2020年考勤记录明细表3"工作簿，可以看到"Sheet1"工作表中已经生成了数据透视表对2020年各月的考勤情况进行了汇总。

切换到"2020年考勤明细表"工作表，在第32行前插入一个空白行，在该行单元格中依次输入"31""赵佳玉""2020/11/4""病假""2"，然后对该行下方的编号进行重新填充，如图9-13所示。

图 9-13　重新填写编号

　　切换到"Sheet1"工作表，在"数据透视表工具 分析"选项卡"数据透视表"组中单击"选项"下拉按钮，在弹出的下拉菜单中选择"选项"命令，如图9-14所示。

　　在打开的"数据透视表选项"对话框中单击"数据"选项卡，在"数据透视表数据"栏中选中"打开文件时刷新数据"复选框，如图9-15所示，单击"确定"按钮，然后保存并关闭该工作簿。

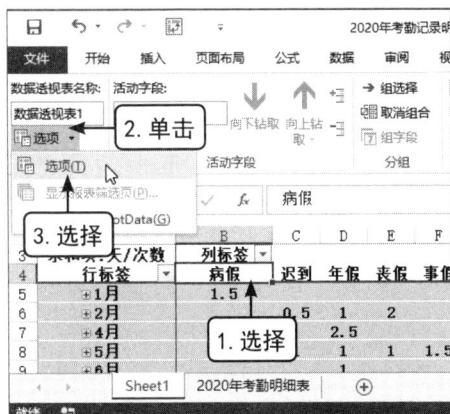

图 9-14　选择"选项"命令

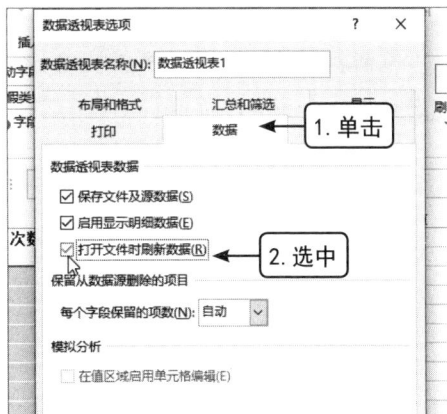

图 9-15　为工作簿设置打开文件时刷新数据

💡 **知识延伸** | 手动刷新数据透视表

完成数据源调整后，通常会手动刷新数据透视表，Excel数据透视表有两种刷新方式，分别是刷新和全部刷新。"刷新"只是更新当前数据透视表的信息，而如果工作簿中有多个数据透视表，则其他透视表信息并未更新，这个时候就需要用到"全部刷新"了。

刷新和全部刷新的操作比较相似，只需要选择数据透视表任意数据单元格，在"数据透视表工具 分析"选项卡中单击"刷新"按钮下方的下拉按钮，选择"刷新"选项或是"全部刷新"选项即可，如图9-16所示。

图 9-16   手动刷新数据透视表

重新打开该工作簿，展开11月的数据即可查看到新增了11月4日赵佳玉的考勤数据，如图9-17所示。

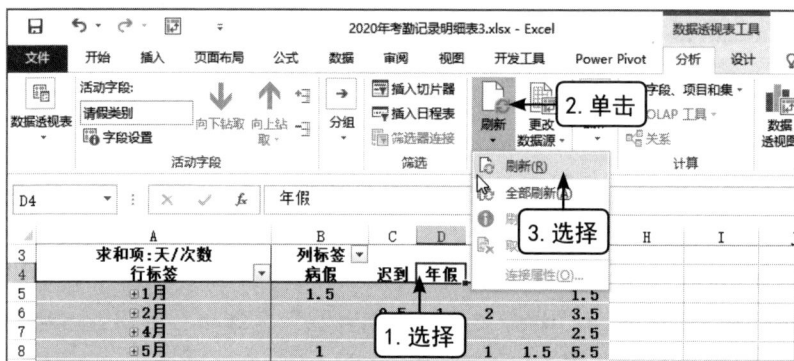

图 9-17   重新打开工作簿时自动刷新数据

> **知识延伸** | 更改数据透视表数据源
>
> 在创建数据透视表时是以固定区域为数据源，在中间插入数据，可以通过刷新的方式更新数据；但是如果在数据区域最后的空白区域添加数据，则通过刷新的方式无法添加，需要更改数据透视表的数据源。
>
> 选择数据透视表的任意数据单元格，在"数据透视表工具 分析"选项卡"数据"组中单击"更新数据源"按钮，在打开的对话框中修改数据源区域，单击"确定"按钮保存即可，如图9-18所示。

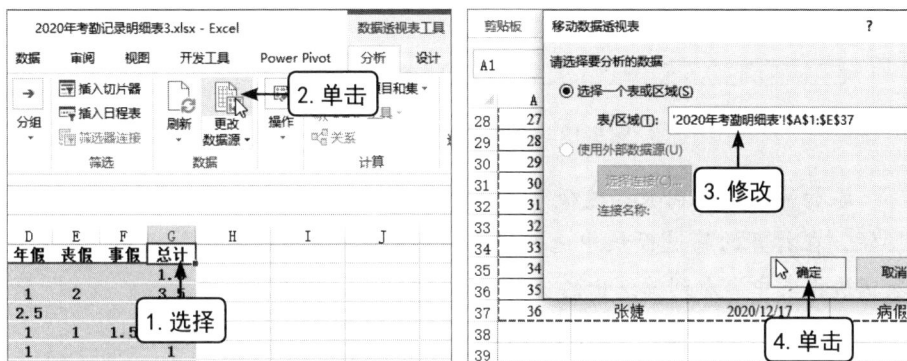

图 9-18　更新数据透视表的数据源

9.1.5　利用筛选器设置筛选条件

前面介绍的按月汇总员工考勤数据只是将考勤数据按月份进行了汇总，在查看每月的具体情况时，还是需要单独展开进行查看，十分不方便，这时就可以使用 Excel 数据透视表中的筛选器功能，将员工的考勤情况按月进行筛选。

下面以在汇总月度考勤数据的基础上调整报表的布局，从而实现利用筛选器筛选各月考勤状况为例，介绍相关操作。

| 实例分析 | 按月筛选员工考勤数据

打开"2020年考勤记录明细表4"工作簿，在"Sheet1"工作表中选择数

据透视表任意数据单元格，打开"数据透视表字段"窗格，在行区域中单击
"月"字段右侧的下拉按钮，选择"移动到报表筛选"选项将该字段移动到
筛选器区域，如图9-19所示。

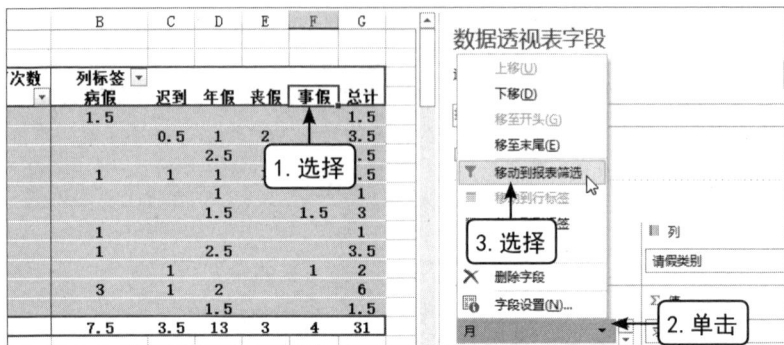

图 9-19　为数据透视表添加筛选器

添加筛选器后在数据透视表上出现筛选按钮，单击B1单元格右侧的筛选
按钮，在打开的筛选面板中选择"4月"选项，单击"确定"按钮，即可在
数据透视表中查看到筛选出的当月考勤情况，如图9-20所示。

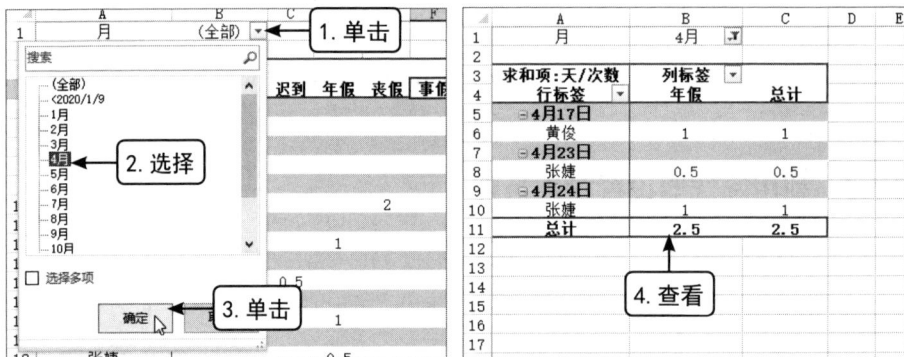

图 9-20　筛选后的结果

9.2　历年部门支出费用分析

Excel 中不仅可以使用数据透视表分析数据，还可以使用数据透视图分析

展示数据。相较于普通的图表，数据透视图功能更强大，能够提高数据分析的效率。本节介绍使用数据透视图分析部门开支数据。

9.2.1 支出费用对比分析

企业各部门在运转过程中，会因为业务、工作等因素产生一定的开支，这些都是企业的经营成本，需要进行合理的统计分析。

这里介绍通过创建数据透视图对比分析近两年部门开支情况，为下一年度费用预算工作做好准备。

| 实例分析 | 创建柱形图对比近两年部门开支

打开"部门费用开支统计表"工作簿，选择工作表中任意数据单元格，创建数据透视表，在新打开的工作表中的"数据透视表字段"窗格中将"统计日期"字段拖动到行区域，仅保留"年"字段，如图9-21所示。

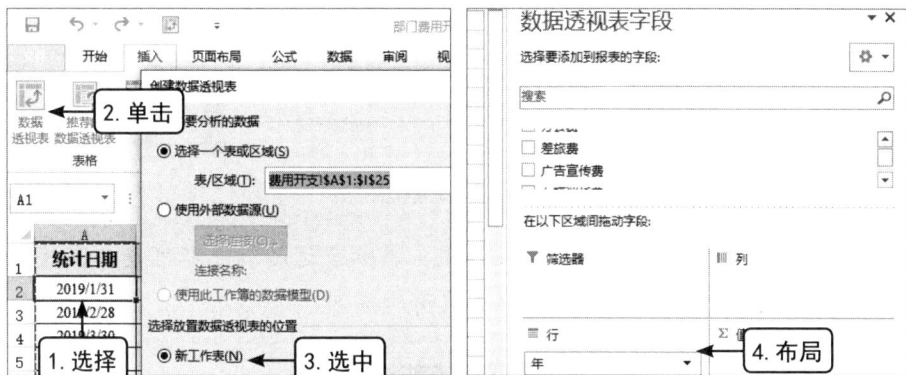

图 9-21 创建数据透视表并设置字段格式

选择数据透视表任意数据单元格，单击"数据透视表工具 分析"选项卡"计算"组中的"字段、项目和集"下拉按钮，选择"计算字段"命令，如图9-22所示。

在打开的对话框中分别设置字段名称和公式，单击"添加"按钮和"确定"按钮，如图9-23所示。

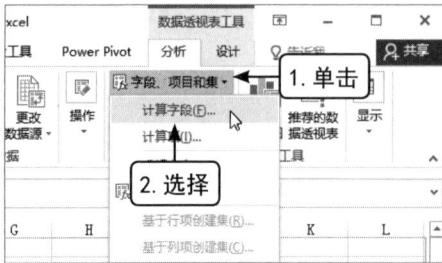

图 9-22　选择"计算字段"命令

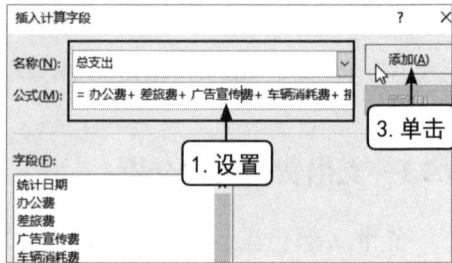

图 9-23　插入计算字段

同样选择任意数据单元格，单击"工具"组中的"数据透视图"按钮，在打开的对话框中单击"柱形图"选项卡，双击"簇状柱形图"按钮创建图表，如图9-24所示。

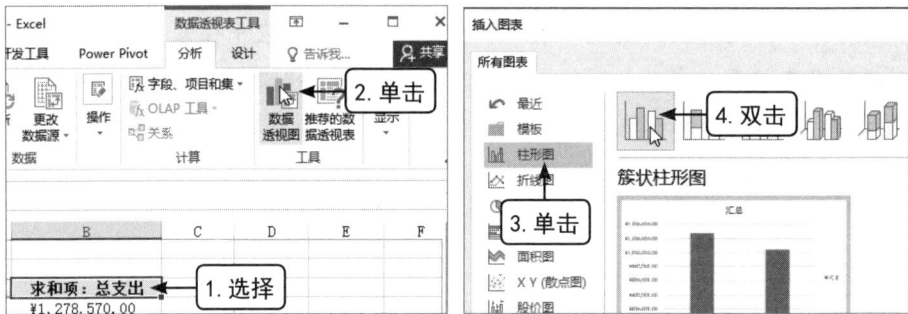

图 9-24　插入数据透视图

为创建的图表套用合适的图表样式，添加合适的标题即可查看最终效果，如图9-25所示。2020年较上一年开支有所减少。

图 9-25　为数据透视图套用合适的样式

9.2.2 动态查询指定年度的费用支出

数据透视图相较于普通图表功能更为强大，可以通过自带的筛选按钮进行筛选，从而快速查询指定时间的统计数据，不仅能简化操作，还能直接对图表进行操作，提升效率。

下面以创建数据透视图，在图表中筛选出 2019 年和 2020 年的各项费用开支数据进行对比分析为例，具体操作如下。

| 实例分析 | 通过图表动态分析近两年的费用开支

打开"部门费用开支统计表1"工作簿，选择工作表中任意数据单元格，创建数据透视图，如图9-26所示。

在新打开的工作表中的"数据透视图字段"窗格中将"统计日期"字段拖动到轴（类别）区域，仅保留"年"和"统计日期"字段，将所有费用字段拖动到值区域，如图9-27所示。

图 9-26　创建数据透视图

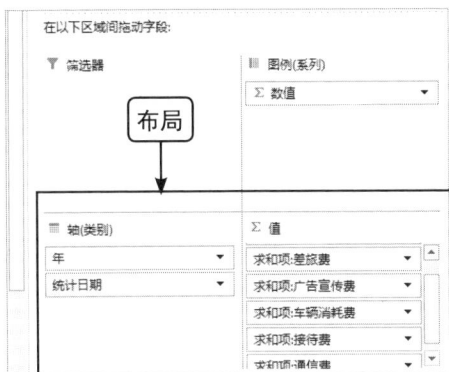

图 9-27　设置字段格式

单击图表右下方的"年"筛选按钮，在打开的筛选面板中选中"2019年"和"2020年"复选框，单击"确定"按钮，如图9-28所示。

同样的，单击图表右下方的"统计日期"筛选按钮，在打开的筛选面板中选中"6月"复选框，单击"确定"按钮，如图9-29所示。

为图表添加合适的标题，设置字体效果，即可同时查看2019年和2020年对应的6月份的费用开支数据，如图9-30所示。

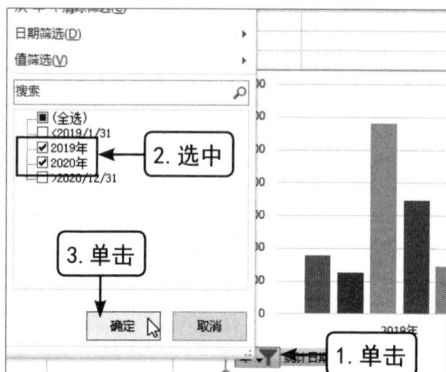

图 9-28　设置筛选年份　　　　　　　　图 9-29　设置筛选月份

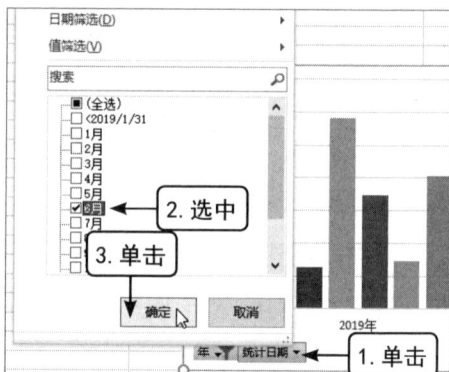

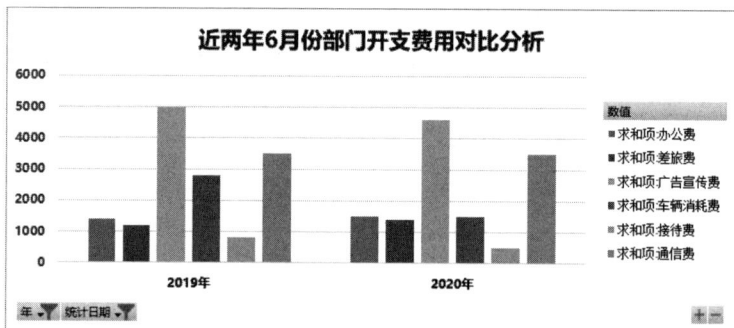

图 9-30　查看结果

9.2.3　各项费用的支出占比分析

　　HR 在使用普通图表进行费用开支汇总分析时，如果数据过于零散，则需要先对数据进行汇总，然后再创建图表进行展示，工作量较大，而且容易出错，而用数据透视图进行分析则十分高效。

　　通常分析数据占比是通过饼图进行分析，下面创建数据透视饼图分析 2020 年度各项费用开支的占比情况。

┃ 实例分析 ┃ 以数据透视饼图分析各项费用占比情况

　　打开"部门费用开支统计表2"工作簿，选择工作表中任意数据单元格，创建数据透视图，如图9-31所示。

在新打开的工作表中的"数据透视图字段"窗格中将"统计日期"字段拖动到轴（类别）区域，仅保留"年"字段，将所有费用字段拖动到值区域，如图9-32所示。

图9-31 创建数据透视图

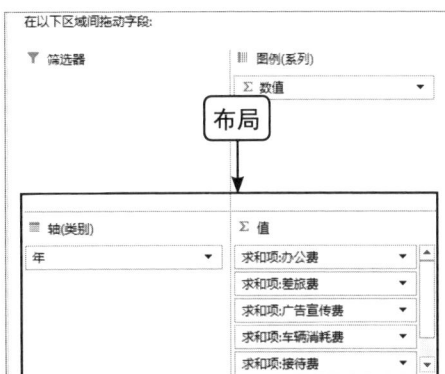

图9-32 设置字段格式

选择图表，单击"数据透视图工具 设计"选项卡"类型"组中的"更改图表类型"按钮，如图9-33所示。

在打开的"更改图表类型"对话框中单击"饼图"选项卡，双击"饼图"按钮完成图表类型的更改，如图9-34所示。

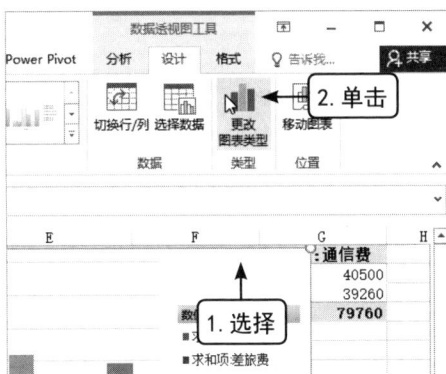

图9-33 更改图表类型

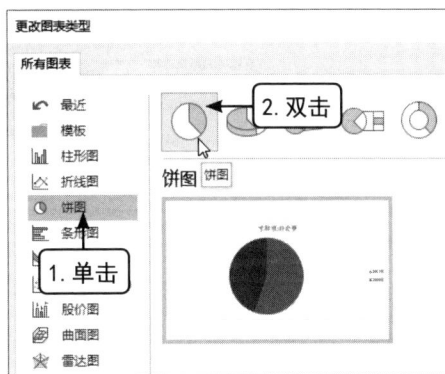

图9-34 双击"饼图"按钮

选择图表，单击"数据透视图工具 设计"选项卡"数据"组中的"切换行/列"按钮，如图9-35所示。

单击图表左下方的"年"筛选按钮，在打开的筛选面板中仅选中"2020年"复选框，单击"确定"按钮，如图9-36所示。

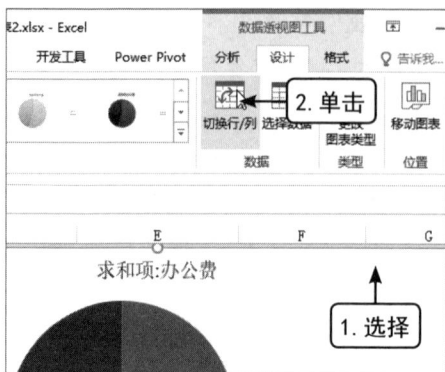

图 9-35　切换数据透视图的行列

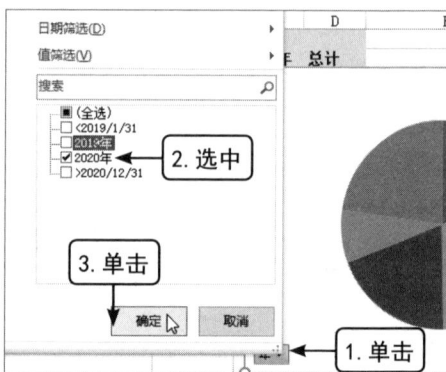

图 9-36　设置筛选年份

　　为图表套用合适的图表样式，添加数据标签，在其标题右侧绘制文本框输入"各项费用开支分析"文本，设置文本框中的字体格式和标题的字体格式一样，即可查看到各项费用开支的占比情况，如图9-37所示。

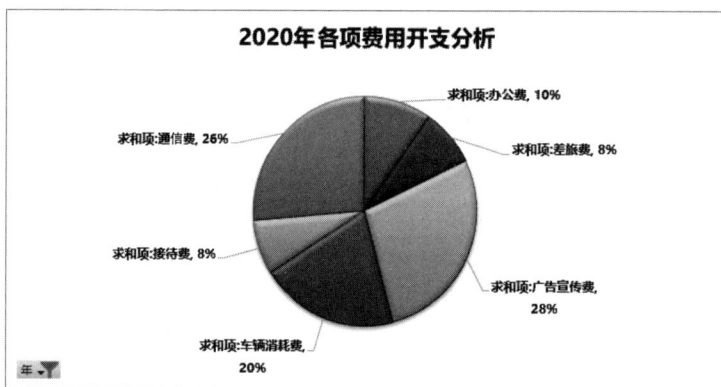

图 9-37　最终结果